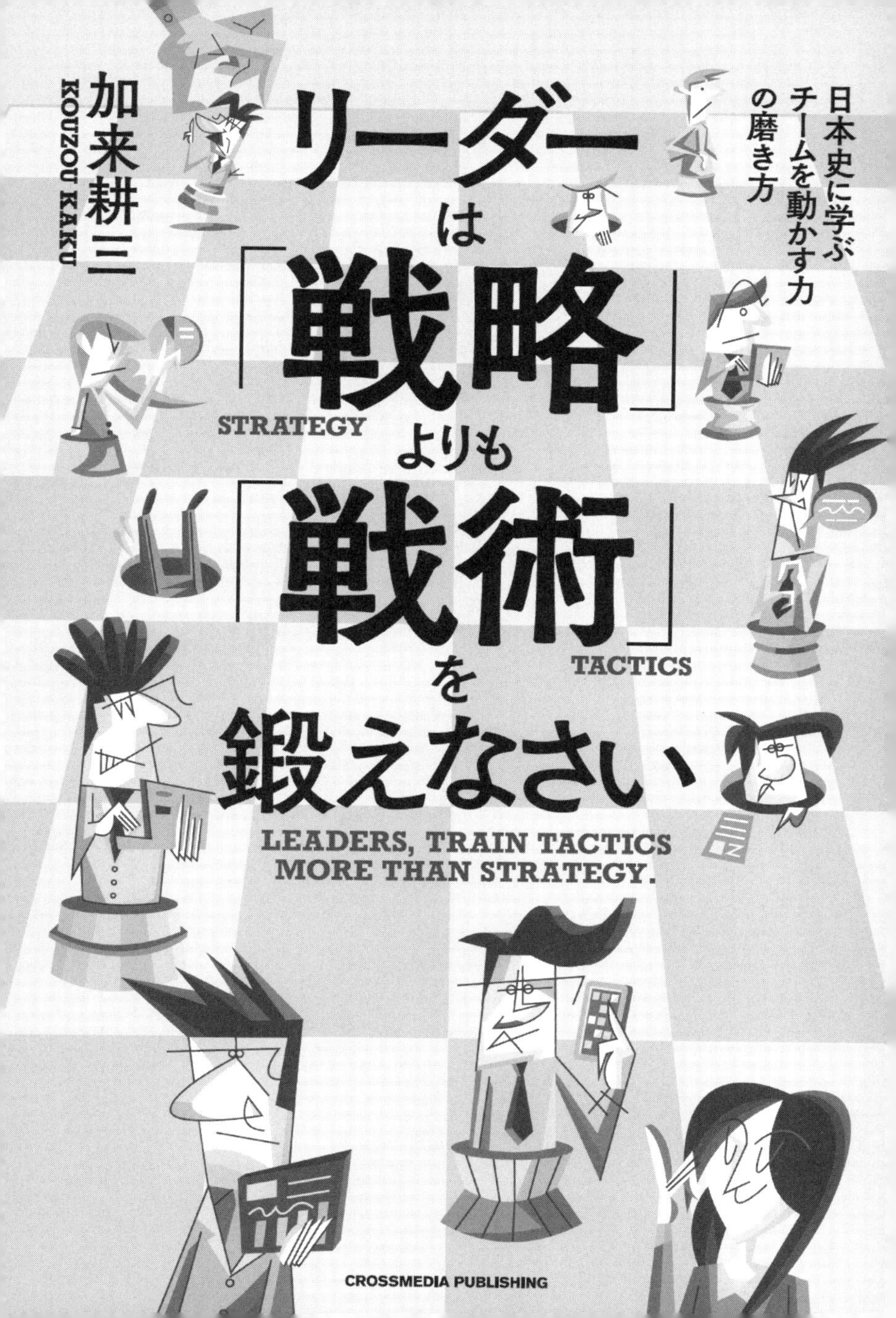

日本史に学ぶ
チームを動かす力の磨き方

リーダーは「戦略」よりも「戦術」を鍛えなさい

STRATEGY

TACTICS

LEADERS, TRAIN TACTICS MORE THAN STRATEGY.

加来耕三
KOUZOU KAKU

CROSSMEDIA PUBLISHING

はじめに

全体＝「戦略」、部分＝「戦術」という思い込み

日本人は「戦略」(戦争や政治・社会運動などを実行するための計画・方法、駆け引き)が大好きな民族のように思われます。

その割には、「戦術」(戦闘に勝つための技術、争いに勝つための手段・方法)を軽視する傾向が強い。

これはおそらく、孫子《そんし》の兵法「彼《か》れを知り己《おの》れを知れば、百戦殆《あや》うからず。彼れを知らずして己れを知れば一勝一敗す。彼れを知らず己れを知らざれば、戦う毎《ごと》に必ず殆うし」(謀攻篇)が、世に知れ渡ったからではないでしょうか。

なるほど、敵情を知り、同時にわが力をも知る場合は、戦いに敗れることはないでしょう。

敵情を知らず、ただ自軍の実情だけを知って戦うとき、勝敗は相半《あいなか》ば(五分五分)となります。

敵情も知らず、自軍のことも知らずして戦う者は、戦いのたびに敗亡の危機を伴うのもいたしかたありません。

ですがこれは、全体＝「戦略」、部分＝「戦術」との思い込みによるものであり、全体は部分を重ね合わせた結果なのです。部分である一戦、一戦を勝てずして、どうして全体の勝利となり得るのでしょうか。

その意味で日本の歴史をふり返りますと、一戦一戦を重ねた「戦術」が、きわめて重要であったことがよくわかります。とりわけ合戦の勝敗は、戦術一つひとつの優劣の積み重ねによって、決まったといっても過言ではありません。

例えば、徳川家康は城攻めが苦手な武将でした。にもかかわらず、城攻めを決行しても、目的である勝利は得られなかったはずです。

戦術を切り替えて、相手を城に籠らせず、おびき出して野戦に持ち込む戦術の方が、勝利への早道となったでしょう。

関ヶ原の戦いの直前、西軍の主将である石田三成をはじめとする西軍の主力は、美《み》濃国《ののくに》（現・岐阜県南部）の大垣城《おおがきじょう》に集結していました。

三成は、家康率いる東軍をこの城で迎え撃ち、戦局が膠着《こうちゃく》した段階で大坂城から豊臣秀頼《ひでより》（秀吉の忘れ形見《がたみ》）を迎える、との作戦を立てていました。

これに応じて城攻めをしていては、家康は戦いの主導権を握ることができません。

城攻めを嫌った家康は、「東軍は大垣城を無視して、三成の居城・佐和山城《さわやまじょう》を落とし、大坂城まで一気に攻め込む」というニセ情報を西軍陣営に流します。

それを聞いた三成は、それはまずい、とすぐさま城を出て、結局、関ヶ原で東軍と戦うことになりました。

家康は思惑通り三成をおびき出して、得意な野戦に持ち込むことに成功しましたが、これなどは「戦術」重視の家康が、戦局を変えた事例――「戦略」を「戦術」がねじ伏せた勝利といえるでしょう。

徳川家康の例でもわかりますように、戦術は目標を「最短ルート」で達成するための手段として、ナビゲーターとして、きわめて有効です。

しょう。

「戦術」がうまく機能しないと、目標を達成できないどころか、合戦では生死に直結してしまいます。当初に立案した全体の「戦略」プランに、こだわってはなりません。

その典型的な例が、ロシアのプーチン大統領が仕掛けたウクライナ侵攻といえるでしょう。

二〇二二年(令和四年)二月二十四日、プーチン大統領はウクライナに突如、武装侵攻しました。

彼はかつてクリミアに侵攻したときと同じように、ウクライナ全域も簡単に攻略できると高《たか》を括《くく》っていたのでしょう。

おそらく満足に具体的な「戦術」を組み立てることもせず、大まかな方針を「戦略」と思い違いをして、攻め込んだのでしょうが、思わぬウクライナの抵抗にあい、ヨーロッパの大半を敵に回し、世界中からの支援を受けたウクライナは、まさか、の反撃に出て、戦争は泥沼化してしまいました。

その結果、自分自身のことはいうまでもなく、自国民をも「死地」(生きる望みのないような危険な場所、立場)に追いつめてしまったのです。

強者は得てして、「戦術」を軽視します。「戦術」など立てなくても、兵力や物量にものをいわせれば正攻法で勝てる、と思い込んでしまうのです。

これは真の「戦略」ではありません。

なるほど、「歴史はつねに勝者が綴《つづ》る」という大前提が、歴史の世界には存在します。『孫子』にも、「大兵に戦術なし」というのがありました。

——具体的に、みておきましょう。

筆者の手許《てもと》にある旧陸軍大学校の『戦術講授録』のノートに、興味深い出題が写されていました。

性能が互角の戦車が十台対六台で、正面決戦を敢行した場合、当然のことながら十台の側に軍配が上がるのは誰もが予想できること。

では、仮に六台の側が全滅したとして、勝った十台の側では、どれだけの損害を被《こうむ》るものか、という問いかけです。

意外にも、「10－6＝4」と答える方がいます。そうかと思うと、十台とも残るのではないか、と漠然と思いを口にする方も……。

先の旧陸軍大学校のテキストでは、戦いには、「戦力の実力は二乗に比例する」という法則があることを述べていました。

これを当てはめれば、「$10^2-6^2=100-36=64=8^2$」となり、つまりは十台側は八台まで無傷で生き残り得る公算が高い、ということになります。

十と六だとわかりにくいかもしれません。国力に置き替えて、考えてみましょう。百の力量をもつ大国が、十の力しかない小国と戦争した、と仮定してみて下さい。一戦ごとに大国が十、小国が五の損害を被ったとすれば、小国はつねに奇跡的な勝利と喜んでしかるべきでしょうが、その実は二度戦って国力を振り返れば、両国の比率は十対ゼロになっていることが知れます。

すなわち、小国の完全勝利などというものは、およそ実際の戦争では成立せず、小国の〝奇跡的な勝利〟の虚名の実態は、〝滅亡〟でしかありませんでした。

しかもこの計算式が成り立つためには、小国は「戦術なし」どころか、ベストな「戦術」で、一戦一戦に臨まなければなりません。

実際のところ、「小よく大を制する」のはきわめて困難なことであり、大きいものには最終的には敵わない、というのが本来の、戦争論かもしれません。

しかしながら、不利な局面を「戦術」によって打開し、小よく大を制したケースも歴史には少なからず存在することも、また事実です。

「戦略」を支えている一つひとつの「戦術」を逆転勝利することができれば、前述した家康の例のように、「戦略」は思いのほか簡単に崩壊するものなのです。

本書は「戦略」よりも「戦術」を鍛える重要性を、リーダーの立場にある方々に語りかけた一冊です。事例のすべては、日本史から採りました。

ご一読いただければ、戦い方、物事の見方、チームワーク活性化の必要性がご理解いただけるかと存じます。

また、本書の姉妹編として、すでに世に問うてきました『日本史に学ぶ一流の気くばり』、『心をつかむ文章は日本史に学べ』、『日本史に学ぶ成功者たちの勉強法』、『日本史に学ぶ リーダーが嫌になった時に読む本』も併読いただければ、〝歴史〟の掴み方、応用の仕方がより納得していただけるに相違ありません。

あとは、実践あるのみ――。

本書が世のリーダーの方々に、参考となることを心から念じています。

なお本書は、これまでロングランをつづけてきた四作品と同様、筆者の友人で作家の佐野裕氏に語りかける形で、本文を述べています。

佐野氏のわかりやすい記述の労に感謝しつつ、作品を引きつづき担当下さったクロスメディア・パブリッシングの編集者・坂口雄一朗氏にも心よりお礼を申し上げます。

二〇二四年(令和六年)一月吉日　東京・練馬の羽沢にて

加来耕三

リーダーは「戦略」よりも「戦術」を鍛えなさい●目次

第一章 CHAPTER01
戦術に不可欠な五つの条件

1

第二章 CHAPTER02

小よく大を制す！
逆転戦術の立て方

2

第三章 CHAPTER03
戦わずして勝つ! 無力化戦術の立て方

3

4

第四章 CHAPTER04

絶対に負けない！ 不敗戦術の立て方

第五章 CHAPTER05 部下を動かす！チーム戦術の立て方

5

6

第六章 CHAPTER06

戦術を変えるときの注意点

第一章
CHAPTER01

戦術に不可欠な五つの条件

大軍に戦術はいらないが、弱者には戦術が必要

小よく大を制す――戦術の力で、戦略の劣勢をひっくり返した例といえば、〝日本三大奇襲戦〟の一つに、幕末の歴史家・頼山陽《らいさんよう》が数えた「桶狭間《おけはざま》の戦い」（一五六〇年・永《えい》禄《ろく》三年）が、真っ先に思い浮かびます。

実兵力二万五千の今川義元《よしもと》の大軍に対して、挑む織田信長はわずか三千弱ほどの兵力しかありませんでした。しかし、皆さんもご存知のように、信長はわずかな兵力で奇襲を敢行し、今川軍を尾張《おわり》から撃退しました。

今川軍にすれば、負けるはずのない戦いであったはずです。味方は二万を超える大軍であり、敵はわずかに三千なのですから、戦力の実力は、自乗に比例する――数の力で正攻法に押せば、簡単に勝てる、と義元は考えていたことでしょう。

わずか三千の兵を相手に、細々とした作戦を立てる必要はない、と考えていた今川方は、敵将である信長のことを一切リサーチしていませんでした。

彼について少しでも調べていれば、信長が無鉄砲に思われる性格で、一か八か運を天に任せて、今川の本陣を探しつつ、突っ込んでくる可能性がある、と予測できたはずです。

しかし義元は、二万五千の兵をもって信長の居城・清州《きよす》（清須）城を取り囲めば、すぐに相手は降参するだろう、と漠然と（「戦術」一つ持たずに）考えていました。

信長が劣勢をもって、清洲城を打って出て、今川の本陣めがけて襲ってくるという発想が、義元にはそもそも浮かばなかったのです。

織田勢に奇襲された後も、今川軍にはまだ勝ち目——少なくとも敵将信長を葬《ほうむ》る——がありました。

なにしろ兵の数では、敵を圧倒していたのです。奇襲されても冷静に、これを迎え撃っていれば、当初は混乱しても、ついには返り討ちにできたはずです。

ところが今川軍は、碌《ろく》に警戒することもなく、各隊が分散して各々、食事をとっていました。敵地であるというのに、見張りも適当にしか立てず、すっかり油断していたのです。

一方の信長は、しゃにむに今川の本陣を求め、駆けつづけていました。わずかな兵力で、城に立て籠もっていても勝てるはずはありません。ならば、油断している相手の隙を突いて、万に一つ義元の本陣に行きつけば、逆転して、勝利できるかもしれない、と信じて、その戦術を最後までやり切ったのが信長の信念でした。

「勝ちに不思議の勝ちあり　負けに不思議の負けなし」

この言葉は、江戸時代後期の大名で、肥前平戸《ひぜんひらど》藩主の松浦静山《まつらせいざん》のものだといわれています。静山は文武両道に優れた人物で、自ら藩校で講義を行い、剣術は心形刀流《しんぎょうとうりゅう》の達人でした。著した『甲子夜話《かっしやわ》』は有名です。

「偶然の勝ちはあるけれども、偶然の負けはない」——つまり、敗北にはすべて必然性がある、と静山は言っていたわけです。

そういえば、プロ野球の野村克也監督も、この言葉を好んで口にしていましたね。

日本史の合戦には、信じられないような強者の、逆転負けのケースがいくつもありますが、それは弱者側の巧みな「戦術」によってもたらされたものでした。

十五万の大軍を三千の兵で破った戦術の達人・立花宗茂

「はじめに」で述べたように、当初に立てた「戦略」を遂行するために、刻一刻と移り変わる戦局にあって、積み重ねる作戦が「戦術」です。

現場で作戦を遂行するリーダーに、なくてはならない能力は臨機応変な反応といっていいでしょう。

実際の戦術とは、どんなものなのかを具体的にイメージしてもらうために、〝生涯無敗〟の戦国武将・立花宗茂《たちばなむねしげ》が自ら用いた戦術を紹介しましょう。

この人物は豊臣秀吉が、「鎮西《ちんぜい》(九州)一」「日本無双」と称賛した武将です。十五歳の初陣以来、自ら指揮した戦いで敗北を喫したことが一度もありませんでした。

若くして、筑後国《ちくご》(現・福岡県南部)の柳河《やながわ》十三万石余の城主となった人物です。戦国最強の割には、知名度が今一つ⁉ 最近はアニメやゲームの影響もあり、戦国武将の人気投票でも上位にランキングされるようになりました。

宗茂は少数の兵をもって大軍を討ち破り、不利な局面を有利に一変するのが得意な、奇跡の武将でした。

例えば、同じ九州に拠点を持つ島津《しまづ》勢の五万の大軍に対して、わずか四千の兵で対抗した際は、立花山《たちばなやま》城に立て籠もり、一歩も退かない籠城戦を貫徹してみせました。完璧に城を守り抜き、島津勢が豊臣秀吉の大軍来襲を知り、逃げ出すやすかさず、千五百ほどの手勢を率いて、五万の島津軍を追撃し、後尾を翻弄してみせたのです。

豊臣秀吉が仕掛けた朝鮮出兵においては、前半の「文禄《ぶんろく》の役《えき》」において、明《みん》の将軍・李《り》如松《じょしょう》率いる四万三千と、李氏《りし》朝鮮十万余の計十五万の連合軍に対して、宗茂はわずか三千の兵で大勝してみせました。「碧蹄館《へきていかん》の戦い」といいます。

これは日本の合戦史上、類を見ないほどの戦力差をひっくり返した、一大逆転勝利といえるでしょう。

宗茂は一人の武将としても屈強でしたが（タイ捨流《しゃりゅう》剣法免許）、戦術を巧みに操って兵を動かすのが得意な指揮官でもありました。

戦術を決めるというと、軍議の席で地図を見ながら協議するイメージがあるかもしれませんが、宗茂は現場に斥候《せっこう》を放って情報を多面的に集め、敵の布陣、地勢を徹底的に調べ、ときには自ら出向いて、軽く攻撃を仕掛け、相手の反応を確かめたりもしました。

可能な限り、自ら現場に足を運んで〝現況〟を理解し、それをもとに具体的な戦術を立てるのが宗茂のつねでした。

自分だけは安全な場所にいたまま、部下からの現場報告をもとに作戦を立てるような指揮官は少なくありません。が、それでは連戦連勝、不敗の成果をあげることは難しかったと思います。

戦う現場指揮官として、立花宗茂ほど、それ以前の十代において、実父の高橋紹運《じょううん》、養父の戸次《べっき》道雪《どうせつ》(鑑連《あきつら》)の二人に、実地で鍛えられた武将はいなかったでしょう。

あるとき、「あなたはなぜそんなに強いのか」と豊臣家の同僚大名に問われた宗茂は、次のように答えたといわれています。

「彼のなすところをもって、これを我がなせば、すなわち克《か》たざることなし」

（『名将言行録』）

相手が仕掛けようとしている攻撃を読んで、それをこちらが先に行えば、負けるはずがない、と宗茂は言っているのです。

そのためには徹底して自らを鍛え、敵以上の「戦術」を組み立てるべく、現場に出て、ありとあらゆる情報を集め、可能性を考え、それらに対処する方法を考える必要があります。

そういえば、防衛大学校仕込みの「5×4×3×2×1」方式で戦略を考える、というのを聞いたことがあります。まずは五通りの大きな作戦を考え、それぞれが失敗した場合の代案を四通り作り、さらにそれが失敗した場合の三案、二案と策を練るという方法。もし、この方式通りにやったとすれば、おそらくいかなる事態に遭遇しても、慌てることなく対処できたに相違ありません。

分析し、最善の策を考え、次善の策を用意し、もしもことごとく不測の事態が生じたときは、さらなる第三の策を考えておく。

これでどうして、敗れることがあるのでしょうか。

戦いの敗因の大本は、つねに〝油断〟につきます。

大軍の急所を突けば、敵は一気に崩れる

島津氏や毛利《もうり》氏のような、戦国の大国の主《あるじ》ではない宗茂は、大友氏の家臣として、少数の兵を率いて大軍と戦うことが多かったため、戦術を使ってひっくり返す道を探るしか、勝つ方法、生き残る道がありませんでした。

ふつうに戦っても勝てない相手に対して、どうすれば勝てるのかを考える必要があったのです。

そのため宗茂は、敵情を探るための〝物見〟を何度も、何人も、繰り出しました。

敵の布陣を徹底的に調べて、ウィークポイントを探し出していくのです。

宗茂はどれほど敵の数が多くても、必ず手薄な部分(弱点)があることを、数多くの合戦経験から熟知していました。

もちろん、物見をしただけでは、どこの部隊が弱いのかがハッキリしない場合もあります。

そんなときは、緒戦《しょせん》でウィークポイントと思われた箇所を、自らわずかな兵を率いて、軽く突いてみます。こちらの攻撃に対する相手の反応を見て、やはりあそこの動きが鈍い、弱そうだ、崩せる、と目算をつけていくのです。

そして合戦では、敵の弱い部分を狙って集中攻撃を加えます。

百戦錬磨の立花軍が一糸乱れぬ動きで、敵の弱点を錐《きり》が回転するように突いていくのですから、相手はひとたまりもありません。

多くの場合、敵陣はそこから崩れていきました。

宗茂の攻撃は、敵が大軍であればあるほど、効果を増します。

敵からすれば、わずかな兵で何ができるのだ、と相手を侮っていた分、弱点を突かれ、自陣の一角が崩されるとたちまち混乱し、パニックを引き起こして、簡単に戦意を喪失してしまうわけです。

なんとか落ち着きを取り戻し、敵が反撃に転じて来ると、立花軍は無理してつづいての敵対などしません。さっさと、引き上げてしまうのです。

逃げる立花軍を嵩《かさ》にかかって、追ってきた敵軍はどうなるか。宗茂は伏せておいた第二部隊、第三部隊に命じての、一斉射撃や槍での奇襲攻撃を食らうことになるのです。

いくら戦術に自信があっても、ふつうは大軍を前にすると、震えあがってしまい、まともな思考ができなくなるものです。

大会社の社員は堂々としており、中小企業の従業員はびくびくしている、といわれるのがこれです。

しかし宗茂は、明の兵数が十五万の大軍だと聞いても、彼の頭脳は十五万という塊《かたまり》では敵をとらえませんでした。配置の兵数を地図上で分けていき、自らの兵力と同じ単位に砕けるまで、敵を頭の中で割っていきます。

敵の弱い部分を探し出し、その部隊をひと塊ととらえて勝負に出るので、宗茂は感覚的には自分たちと同数ぐらいか、せいぜい倍ぐらいの敵を相手にしている、といった心持ちだったのではないでしょうか。

味方の将兵たちにもそのように伝え、彼らの士気を鼓舞して、小さな単位を次々とつぶして勝利をつかんだ宗茂の戦い方は、現代のビジネスでもそのまま、実践することができるのではないかと思います。

「集中」と「スピード」で戦いを制する

立花宗茂の例も、前述の織田信長の例も、戦術において重要なことは「集中」と「スピード」であることを教えてくれています。

いかに戦力を、一点に集中させるか？

いかにスピード感をもって、素早く行動に移せるか？

織田軍の桶狭間の戦いは、信長が戦術を今川本陣への直接攻撃に絞り込み、あとは本陣へ到達するまでひたすら走り続けたことが成功につながりました。

少ない兵力で清州城に籠もって戦っても、とうてい勝ち目はなかったでしょう。少しでも奇襲をためらっていたら、わずかしかない勝機を逃していたはずです。

同様に、立花宗茂も兵力を一点に集中し、相手の弱点を攻め立て、傷口を広げて戦いを勝利に導きました。

一方、平安時代末期に活躍した源義経も、「集中」と「スピード」に長《た》けた戦いの申し子のような人物でした。

急峻《きゅうしゅん》な山肌を騎馬で駆け下りて、平家の陣を背後から奇襲した〝一ノ谷の戦い〟や、嵐の中、わずかな船で四国に渡り、少数で平家を強襲した〝屋島《やしま》の戦い〟――。

いずれも、戦力を一点に集中して、素早く敵陣に襲いかかったものでした。

義経は、この難しい作戦を実行するにあたり、選りすぐりの兵を集めています。

一ノ谷の戦いにおける〝鵯《ひよどり》越えの逆《さか》落とし〟をする際も、そもそも難易度の高い騎馬戦ができる郎党や武者の中から、さらに腕の優れた者を選抜していました。

同じほどのスピードで、鵯越えを駆け下りられる人間が揃わなくては、せっかくの奇襲が成り立たなくなってしまいます。

戦術を立て、実行するうえで大切な五つのこと

戦術を実行する上で、「集中」と「スピード」は不可欠です。

そのことを念頭に、私は次の五つの要素も戦術を成功させるうえで、重要なポイントになると考えてきました。

一、得意な戦術を使う

二、新しい戦術が勝つことを想定する

三、相手の強みを消す

四、チームメンバーが戦術を理解・共有する
五、リスクヘッジを怠らない

もちろん、この五つ以外にも大切なことはありますが、これらは戦術を成功させるための確率を上げるうえで、とくに重要な要素になります。

まずはこの五つを習得すれば、今後、新規プロジェクトなどを進めるときに、間違いなく成功の確率が上がるはずです。

以下に、一つずつ紹介していきましょう。

戦術 一、得意な戦術を使う

歴史に名を残した武将は、皆、得意な戦術(成功のパターン)を持っていました。

裏を返せば、名を残せず消えていった人たちは、得意な戦術を最後まで身につけること、つくることができなかった、といえるかもしれません。

徳川家康は城攻めが大の苦手で、野戦を得意としていたと述べましたが、苦手を克服するよりも、確実に勝てる「戦術」を磨くことの方が、勝率を上げる近道となります。

野戦が苦手な豊臣秀吉は城攻めの腕を磨いた

家康とは逆に、野戦は苦手だが城攻めは得意だったのが、〝戦国の三英傑〞のひとり、豊臣秀吉です。

秀吉は野戦をあまり好みませんでした。本人が槍を振るって、敵の首をあげるような、武闘派タイプではなかったのも一因でしょう。

とはいえ、秀吉は最初から城攻めが得意だったわけではありません。数々の失敗を経験しながら、彼は〝得意〞を学習していきました。得意戦術の難度《なんど》を磨いたのです。

主君である織田信長の命を受け、毛利氏攻めを担当した秀吉は、中国方面各地の城をひとつずつ落としていきます。

その過程で、〝三木《みき》の干殺《ひごろ》し〞(ほしごろし、とも)と呼ばれた戦いがありました。

播磨国《はりまのくに》(現・兵庫県南西部)で、別所長治《べっしょながはる》の守る三木城を攻めた戦いです。

秀吉の城攻めの基本は、敵の兵糧を絶ち、城内の食べ物が尽きるまで根気よく城を囲んで、相手の気力を消失させ、降伏させるやり方です。

しかし、三木城攻めでは、秀吉軍の囲み方が性急すぎて、城の中には将兵だけが立て籠もり、領民はまったく入城していなかったため、食べ物もすぐには尽きず、籠城は一年十カ月と長引いてしまいました。

時間がかかり過ぎたことを反省した秀吉は、つづく因幡国《いなばのくに》(現・鳥取県東部)の鳥取城を攻略するにあたり、さらに工夫した城攻めを展開します。

のちに、〝鳥取の飢《かつ》え殺し〟と呼ばれる作戦ですが、秀吉は鳥取城を攻めるにあたり、事前に城の周辺の村々から米を買い集めました。相場の数倍の値段で買い取ったため、ついには鳥取城からも兵糧米《ひょうろうまい》を売りに出したともいわれています。

次に鳥取城を完全に囲むように堀と塀、そして付城《つけじろ》を築きました。その際、付近の領民をできるだけ多く、鳥取城に向けて追い立てたのです。結果、鳥取城内には武士たちの他に、何千人もの領民が立て籠もることになりました。

城兵たちからすれば、領民たちの入城は想定外であり、十分にあったはずの兵糧は最初から減っており、みるみるうちに無くなっていきます。

わずか二カ月後には食べるものが尽きてしまい、飢えた人々は木の根や草、馬、はては死んだ人間の肉にまで手を出すほどの惨状になった、といわれています。

結果的には四カ月ほどで、鳥取城は落城しました。

現代の感覚からすると、飢えるまで追い込むやり方は、倫理的に問題があるかもしれませんが、イスラエルがパレスチナ自治区を攻撃したおり、なかにいた一般の人々も〝敵〟とみなして、ほとんど省みることをしませんでした。善し悪しではなく、戦《いくさ》とは本来、攻める方にとってはそういうものなのです。

いずれにしても秀吉は、三木城で城攻めに手こずった反省を活かしました。

敵の城の周囲を、蟻《あり》が這い出る隙もないほどに取り囲み、城内にできる限り多くの人間を入れて、兵糧を消費させることで、素早く勝利をつかんだのでした。

失敗を糧《かて》にしながら、着実に城攻めの精度を上げていった秀吉は、鳥取城攻めのあと、備中高松《びっちゅうたかまつ》城を水攻めにして、自らの城攻めを得意戦術として完成させ、しばしば己れの強さの喧伝《けんでん》に使いました。

筆者《わたし》は、秀吉の城攻め最高傑作が、一五九〇年（天正《てんしょう》十八年）の四月から七月に及んだ小田原《おだわら》城攻めだった、と考えてきました。

秀吉は城を水浸しにする代わりに、囲みの中に商人や遊女を入れ、武将の家族を招き、茶会を開いて、城方の士気を一気に挫《くじ》き、難攻不落の城を開城に持ち込みました。芸術の域に達した城攻め、といえるでしょう。

柴田勝家に戦術を学んだ蒲生氏郷

得意な戦術を磨いたのは、羽柴《はしば》（のち豊臣）秀吉だけではありませんでした。

信長の愛弟子といわれる蒲生氏郷《がもううじさと》も、その一人といえるでしょう。

氏郷は実力と知名度が一致しない武将の一人ですが、関東八カ国を擁《よう》する徳川家康、奥州の覇者・伊達政宗、そして越後《えちご》の虎・上杉謙信の後継者である上杉景勝《かげかつ》——この三人の強力大名を、ひとりで抑える役目を秀吉から任されたほど、有能な人物でした。

氏郷は痔瘻《じろう》(肝硬変、あるいはB型もしくはC型肝炎《かんえん》とも)を患い、四十歳で亡くなりましたが、もし彼が存命であれば、筆者は関ヶ原の戦いは起きなかったであろう、と思っています。

氏郷の才能は、早くから周囲に認められていました。

なにしろあの織田信長が、少年時代に人質にとった氏郷の才能を見込んで、自分の側に置いて訓育し、愛娘(一番の美人といわれた)冬姫を妻にくれてやったほどの人物です。

氏郷は己れの持って生まれた才能に頼ることなく、戦術を磨く努力を怠りませんでした。当時の織田家で実戦に強い武将といえば、筆頭家老である柴田勝家《しばたかついえ》です。

氏郷は「柴田殿に学びたい」といって勝家の与力《よりき》となり、〝鬼柴田〟と恐れられた彼の戦いぶりを間近で、しかも実戦の中で学びました。そして前線の指揮官としてのふるまいを、しっかり身につけたのでした。

氏郷は自身の戦術を磨くとともに、戦術を遂行する家臣の強化も図りました。家康・政宗・景勝を抑えてほしい、と秀吉に泣きつかれたおり、氏郷が条件に出したのが、いわゆる「奉公構《ほうこうがまえ》(かまえ、かまい、とも)」の者たちを雇い入れることでした。他の武将には決して真似のできない、着眼点といえるでしょう。

「奉公構」とは、いまでいう反社会的勢力の世界における、「破門状」を食った武辺者《ぶへんもの》といえるでしょうか。

「Aという者は、我が家で許されない行為をしたので追放します。もし今後、あなたがAを雇用するならば、我が家に喧嘩を売っていると判断しますので、そのつもりでいてください」

という内容の手紙を、各大名が全国の大名に回覧送付したのでした。

「奉公構」の者たちは、合戦では一騎当千の働きをするのですが、腕に自信があるだけに、普段は同僚のみならず主君に対してすら無礼千万な振る舞いが多く、態度も大きかったのです。

ですが、主君にすれば、合戦に勝つためには、その腕が必要です。各大名家には、こうした持て余しの武辺者がいたのでした。

ところが日本最初の統一政権＝豊臣政権の誕生で、合戦そのものがなくなってしまいました。惣無事令《そうぶじれい》が秀吉によって出され、大名間の私闘は禁じられてしまいます。

こうなると、もはや無礼な武辺者はいりません。各大名家では、持て余し者を一斉にクビにしたのでした。そして、「破門状」を出したのです。

氏郷はこのワケアリで解雇された武士たちを、秀吉の許可を得て、次々に蒲生家に雇い入れたのでした。


「蒲生は大丈夫だろうか？」

秀吉ですら心配したのですが、「奉公構」の者たちは、氏郷に対しては従順でした。

氏郷が他の武将たちと違い、ひとたび戦闘になるや、最前線の真ん前に出て、槍を振るい戦うものですから、彼らはそれを見て感動したのです。

主君を討たせるわけにはいきませんから、武辺者の彼らはさらにその前へ前へと出て、死にものぐるいで戦うことになります。

そのため、氏郷の軍団は強かったわけです。

柴田勝家の下で、戦術や指揮官としてのあり方を具体的に学んだ氏郷。秀吉や氏郷のように、試行錯誤をくり返しながら、自分の得意な攻めの形ができてくると、戦いの勝率は確実に上がっていきます。

戦術 二、新しい戦術が勝つ

戦術は新しい方――これまでにない、という意味で――が有利、というのが合戦の大原則です。

すでに知られた戦術であれば、相手も対処のしようがありますが、まったく新しい攻め方に対しては、備えることもできず、一方的にやられてしまうこともありました。

例えば、日露戦争までは海上での戦いは、戦艦同士の大砲の撃ち合いで、その命中率が勝敗を決めましたが、その後、航空機を戦力として用いるようになりますと、いち早く〝空〟を制した方が、他方を圧倒することになりました。

新戦術を駆使した源義経の戦い方

新しい戦術を駆使して、相手を翻弄した歴史上の武人には、源義経がいます。

いわゆる、〝鵯越えの逆落とし〟で、一ノ谷の平家の本陣に対して、義経は背後の鵯越えと呼ばれる急峻な崖を、騎馬隊で駆け下りて奇襲をかけました。

あるいは、〝壇《だん》ノ浦《うら》の戦い〟では、従来は合戦においてタブーとされていた船の漕ぎ手を狙い撃ちすることで、平家の水軍の動力を断ち、常勝水軍を打ち破っています。

いずれも、義経の新しい発想から生まれた戦術でした。

ではなぜ、彼は誰も思いつかなかった戦い方ができたのでしょうか。

フィクションで描かれる義経は、京の洛北・鞍馬寺《くらまでら》で修行をしている最中に弁慶《べんけい》と出会い、ともに奥州《おうしゅう》の藤原秀衡《ひでひら》を訪ねて、平泉に行ったといわれています。

そこで数年間、武士としての教育を受けたとされていますが、どうやら史実ではないようです。

こうしたエピソードの基になっていたのが、義経が生きた時代から二百年以上のちの室町時代に書かれた、『義経記《ぎけいき》』という歴史小説だったからです。

では、真実の義経とはいったい何者だったのでしょうか？

鎌倉時代に描かれた『平家物語』や『吾妻鏡《あづまかがみ》』に、義経の〝一の郎党〟として描かれているのは、弁慶ではなく、伊勢国《いせのくに》（現・三重県の大半）鈴鹿《すずか》の峠で山賊をしていた伊勢三郎義盛《よしもり》でした。

『平家物語』に弁慶は、名前しか出てきません。五条の橋で牛若丸《うしわかまる》（義経の幼名）と戦ったり、立ったまま死んだというのは、『義経紀』からの創作記述です。

史実の義経は、鈴鹿山で伊勢義盛と一緒に、山賊まがいの生活を送っていたのではないでしょうか。奥州には行っていなかったのではないか、と筆者は疑ってきました。

義経が伊勢義盛から、山賊流の兵法（？）を学び、それを実践したとすれば、その後の彼の活躍ぶりが説明できます。

当時の武士たちのように、正々堂々と名乗りをあげて、真正面から戦うのではなく、気づかれないようにそっと背後から近づき、いきなり襲いかかります。前述したように、舟の漕ぎ手のような非戦闘員＝盲点にも、攻撃を仕掛けるわけです。

こうした奇襲や奇策はすべて、勝ちさえすればいいのだ、とする山賊の生き方から学んだものであり、義経自身は卑怯なやり方とは思っていなかったのでしょう。いい意味でも、悪い意味でも、義経には武士としての意識、教養がありませんでした。だからこそ生まれた、新しい戦術だったわけです。

現代の感覚からすれば、義経のやり方はけっしておかしなものではありませんが、源平争乱の時代の武士には受け入れられなかったようです。

もっとも、常識に縛られて同じやり方を繰り返してしまいがちな、現代の私たちも、義経のように「何でもあり」と自由に考えてみることは、発想を広げるよい訓練にはなるのではないでしょうか。

新しいものは常識の外側にあることを、義経は私たちに教えてくれます。

新戦術の使い手、源義経と織田信長の違い

義経に足りなかったのは、むしろ部下＝正規の武士に対する状況説明でした。いかに卓越した戦術であっても、周囲に認められなければ、「あいつは卑怯だ」「ズルをして勝った」と後ろ指をさされかねません。

部下が新戦術を理解するためには、リーダーの説明、説得が不可欠です。

義経の周りにいた山賊出身の者たちと違い、源氏の将兵の多くは武士の誇りを大切にしていました。

源平時代の武士たちにとって、戦《いくさ》とはまず両軍が対峙し、鏑矢《かぶらや》がうなりを発してヒューッと鳴りながら飛んでくるのを合図に、馬上から「やあやあ、我こそは……」と名乗り合って始まるものでした。

ところが、義経は敵に気づかれないように後ろに回って、いきなり斬りかかれといいます。非戦闘員を的にして狙えといわれても……、と源氏の将兵たちはその卑怯千万な戦法に躊躇《ちゅうちょ》してしまいます。

その結果、「こんな戦いで勝っても、武士の面目が立たない」という部下の反発を生んでしまいました。

しかし、義経は「勝ったからいいじゃないか」という態度で部下に接し、彼らに自らの戦術の理解を求めようとはしませんでした。

こうした不満をのちに、異母兄である源頼朝は利用して、武功のあった義経を徐々に排除していく流れをつくったのではないか、と筆者は見ています。

一方で、無口で冷酷なイメージのある織田信長は、意外に部下への説明やフォローを怠りませんでした。

彼も旧態依然とした合戦の方式を、長槍の集団戦術や鉄砲隊などの新戦術によって、一変しています。

詳しくは後述しますが、義経と違い、信長のやり方を多くの部下たちは支持しました。なぜならば信長は、部下が納得するまできちんと、説明をしたからです。

あなたがリーダーとして新しいことを始めるときは、必要以上に丁寧にその意義や方法をメンバーに説明してください。

たいていの人は、新しいことをやることを嫌います。そういう人たちを納得させることができなければ、いくら優れた戦術でも、その効果は半減してしまうものです。

戦術 三、相手の強みを消す

いきなりスポーツの例で恐縮ですが、一九九五年（平成七年）十月に行われたヤクルトスワローズVSオリックスブルーウェーブの日本シリーズは、野球ファンの間で名勝負として語り継がれています。

当時、二年連続で首位打者を獲得していたイチロー選手を、ヤクルトの野村克也監督が見事に封じたからでした。

スコアラーから、「イチローの攻略法は見つかりません」と泣きつかれた野村監督は、テレビや新聞を使って、イチローのメンタルを揺さぶる作戦に出ます。

日本シリーズ前のあらゆる取材で、「イチローを封じるには内角を攻めるしかない。

徹底して内角の球を活かす」と言いつづけたのです。

プロスポーツにおける戦術の使い方

そのうえで、いざ試合が始まると、戦前の宣言とは真逆の「徹底した外角中心の配球」で、イチローを攻め立てました。

内角に意識が向いていたイチローは、見事に裏をかかれ、第四戦まで十六打数三安打と極度の不振に陥ります。さすがに第五戦では復活しましたが、短期決戦の日本シリーズでは時すでに遅し……。

この年の日本シリーズは、四勝一敗でヤクルトが制覇しました。

ヤクルトの勝因は、イチローの優れた選球眼という〝強み〟を消したことです。

内角攻めを意識した結果、イチローはピッチャーの投げる球をフラットに見ることができず、自ら調子を狂わせてしまいました。

このように、相手の強みを消すことは有効な戦術の一つです。

この戦術を巧みに用いたのは、幕末維新において、新政府軍（官軍）の参謀だった長《ちょう》州《しゅう》藩の大村益次郎《ますじろう》でした。

大村は旧幕府軍の強みを消すことで、〝戊辰《ぼしん》〟の戦いに勝利しました。

大村による「上野彰義隊《しょうぎたい》戦争」の、鮮やかな勝利がなければ、江戸は火の海になっていたかもしれません。

あるいは勝海舟の謀略に嵌《は》められ、徳川慶喜《よしのぶ》を江戸にむかえ、百万石を旧幕臣に与えることになったかもしれないのです。

――順を追って、説明しましょう。

一八六八年（慶応《けいおう》四年）の鳥羽《とば》・伏見《ふしみ》の戦いに勝利した新政府軍は、その後も快進撃をつづけ、いよいよ江戸に進軍してきました。

すでに前将軍・徳川慶喜は水戸に謹慎していましたが、上野の山には旧幕臣や佐幕派諸藩士で構成された彰義隊が陣取っていました。

兵力や武器では官軍が上回っていましたが、彰義隊にもいくつかの強みがありました。

旧幕府軍の強みを一つずつ消した大村益次郎

まず、彼らの立て籠もる上野の寛永寺《かんえいじ》が、攻めにくい地形であったことです。

さらに江戸に土地勘のある彰義隊士が、開戦して夜まで持ちこたえるような事態となりますと、彼らは山を抜け出し、四方に火をつけて回る可能性がありました。

なにしろ江戸市民は、新しい支配者である官軍に心からは従ってはいませんでしたから。


そんな状況で、彰義隊を討ち漏らして、八百八町《はっぴゃくやちょう》を焼かれたら、新政府にはこれを再建するだけの財力がありませんでした。そうなれば、民衆の不満は一気に爆発したでしょう。

また、品川沖には旧幕府の艦隊が健在で、いつでも艦砲射撃できる準備を整えています。北関東にはフランス式歩兵の訓練を積んだ旧幕陸軍の、脱走兵が暴れまわっていました。

さらには、東北には官軍を認めない藩がいくつも存在しています。

彰義隊からすれば、開戦日の夜まで持ちこたえることができさえすれば、夜陰に乗じて江戸の町に逃げ込み、あちらこちらに放火して、ゲリラ戦に引きずり込めると計算していたのです。

そうなれば、旧幕海軍も旧幕陸軍の脱走兵も、呼応して立つ可能性は極めて高いものがありました。内＝上野と外＝品川、北関東から挟撃《きょうげき》されては、新政府軍も敵《かな》いません。

官軍としては、何としても開戦の日の、昼のうちに短期決戦で、彰義隊を片づけるしかない状況に追いつめられていたのです。

この不可能に近いミッションを、あっさりとクリアしてみせたのが、長州藩士・大村益次郎でした。

「私に総指揮権をもらえれば、半日で勝負をつけてみせましょう」

大村は新政府の要人たちに、そう豪語しました。

官軍の実質的な司令官だった西郷隆盛（薩摩《さつま》藩）は、大村を信じて彼に指揮権を託します。

まず大村は、江戸の気象記録を徹底的に調査しました。

例年、必ず雨が降る日を見つけ出し、この日を官軍の総攻撃の日と定めました。雨が降っていれば、江戸を火の海にするという彰義隊の狙いを防ぐことができます。

次に、上野の正面にあたる黒門に、官軍最強の薩摩藩兵を配置しました。次に重要な裏門に当たる搦手《からめて》には長州藩を部署し、戦意の低い諸藩は直接の戦闘から外しました。

さらには、開戦日のウソの情報を流し、暇乞《いとまごい》に彰義隊士を家に戻して、山内の人数を減らし、山には戻れないよう各地に検問を敷きました。

そこまでしたうえで、念には念を入れ、彰義隊の中にスパイの部隊を忍び込ませたのです。

そして迎えた戦闘当日＝五月十五日(旧暦)、気象データ通り、早朝から雨が降り出します。まさに、梅雨の真っ直中。大村は攻城用の新兵器・アームストロング砲を、昼に発射しました。

これは砲撃が目的ではなく、この号砲を合図にスパイは、寛永寺の中で彰義隊に斬りかかったのです。

彰義隊には旧幕臣のみならず、各藩の不満分子も加わっていました。彼らは「官軍が憎い」という一点で手を組んでいましたが、互いに信頼し合っていたわけではありません。

そんな中、スパイ＝会津《あいづ》からの援兵と偽って入山した長州藩の覆面部隊が、突然、彰義隊士を斬りはじめ、「裏切り者が出たぞー」との叫びと相俟《あいま》って、あちらこちらで斬り合いが始まり、誰が味方で誰が敵かわからず、彰義隊は大混乱に陥りました。

大村は彼らが逃げやすいように、東北への道はわざと空けていました。

夕暮れになる頃には、戦闘は官軍の大勝利に終わってしまいます。

彰義隊はなにひとつ、強みを発揮することができなかったのでした。

「戦術二」では、自分の得意な戦術をつくることが大切と述べましたが、裏を返せば相手に得意なことをさせないことも、立派な戦術といえるでしょう。

皆さんのビジネスでも、競合の強みを消すことを意識してみてはいかがでしょうか。

価格勝負に持ち込ませない、ブランド力で勝負させないためにはどうすればいいか？

リーダーはぜひ、こうした視点を持って戦術を考えてみていただければと思います。

戦術

四、メンバーが戦術を理解する

最初に戦術を立てるのはリーダーと参謀ですが、実行するのはチームのメンバー全員です。

メンバー全員が戦術の目的・手順を正しく理解し、共有していなければ、戦術の内容いかんにかかわらず、目的を成就させることは難しいでしょう。

メンバーが戦術を決めたと思わせる

徳川家康は、戦術を決める際に、チームメンバーと何度も議論を重ねました。

家康はかつて三方ヶ原《みかたがはら》の戦いにおいて、周囲が籠城を勧める中、独断で出陣を決め、武田信玄に完膚《かんぷ》なきまでに叩きのめされた経験があります。

一人の人間の知恵と判断力には限界があることを痛感した家康は、知恵を出し合い、討論し、納得することが大切だと学んだのでした。

家康は重臣や中堅を集めて、皆で議論をさせます。自分の中に、すでに確固たる戦術ができ上がっていても、一切、家康は口出しをしません。

とにかく、みんなに「どうすればいいか?」と問いかけます。議論が進み、意見が出尽くした頃合いをみて、家康は自分に一番近い意見を選びます。

「ワシは○○の意見が良いように思う」

といった具合に。自分も最初からそう思っていたとはいわず、あくまで家臣たちの意見を採用した、という形をとるのです。

そうすれば家臣たちは、自分たちの案が採用されたと思って喜び、頑張って戦おうと決意するはずです。

さらに議論したおかげで、戦術についてしっかりと理解しているから、戦場でもスムーズに作戦を遂行することができたのです。

ビジネスの現場では、家康とは真反対に、「こうやることに決めたのでしっかりやってくれ」と、一方的に部下に進め方を伝えるリーダーの方が多いかもしれません。

理解度も、やる気も足りない部下たちが失敗すると、彼らの力不足のせいにしているリーダーは、もう少し戦術の決め方や伝え方を考えた方がいいように思います。

戦術 五、リスクヘッジを怠らない

戦国時代の戦いも、現代のビジネスも、こちらの立てた戦術通りに、物事が進行するとは限りません。予想していなかったことが、次々と起こるのが現実です。

リーダーの能力は、こうした想定外の事態をどれだけ見越して、もしもの場合の手を準備できているか、で決まります。

——リスクヘッジが、重要なのです。

秀吉にバレることを見越した、伊達政宗の奥の手

その点、戦国武将の伊達政宗はぬかりがありませんでした。

一五九一年(天正十九年)、奥州で起きた「葛西《かさい》・大崎一揆」を、政宗は豊臣秀吉の命により蒲生氏郷とともに鎮圧しますが、実はこの一揆を政宗自身が扇動《せんどう》していたのではないか、との疑惑が持ち上がりました。

しかも、一揆を扇動した政宗の書状を蒲生氏郷が入手したため、怒った豊臣秀吉は政宗を京都まで呼びつけました。

自身の花押《かおう》(署名の代わりに記す。自署を図案化したもの)まで入った書状を突き付けられた政宗は、絶体絶命のピンチに立たされます。

しかし彼は、落ち着いて次のように弁明しました。

「かねてより、私を陥れようとする企てに備えて、自衛の策を打っております。私自身が書いた花押の〝鶺鴒《せきれい》〟(水辺に住み、長い尾を上下に振る小鳥)の目には、必ず針で点をつけております。どうか、お確かめください」

秀吉は、過去に政宗から届いた書状をいくつも調べたのですが、彼の言葉通りに〝鶺鴒〟の目には針の穴が空いていました。

そして、一揆を扇動した疑惑の書状を見ると、〝鶺鴒〟の目には穴がなかったのです。

かくして政宗の疑惑は晴れ、無罪放免となりました。

政宗が一揆を扇動した張本人であることに、間違いはありません。

しかし、扇動を促す書状が秀吉の手に渡ることもあるだろうと考えて、政宗は事前に〝鶺鴒〟の目に針の穴を空けなかったわけです。

そもそも花押の〝鶺鴒〟の目に穴を空けている時点で、この人物の用心深いことがうかがえます。さすがは、乱世を生き抜いた梟雄《きょうゆう》〝独眼龍《どくがんりゅう》〟だけのことはあります。

次の次の手まで用意していた大久保利通

幕末維新の〝三傑〟のひとり、大久保利通《としみち》（薩摩藩出身）も先の先を見越して、戦術を幾重にも用意していた人物でした。

つねに最善と次善の策を用意し、それらの策を破られた場合に備えて、さらに第三の策まで用意していました。一万五千の旧幕府軍に、三千の薩摩藩兵で挑んだ鳥羽・伏見の戦いを例に取って説明しましょう。

一八六八年（慶応四年）正月、兵の数で圧倒的に劣る薩摩藩は、三倍強の旧幕府軍と鳥羽・伏見でいよいよ対決することになりました。

この戦いは大久保と西郷隆盛にとって、いわば人生の正念場、生涯最大の賭けといえたでしょう。

なにしろこの一戦に敗れれば、今は味方についている公家たちにも見放されるでしょうし、薩摩藩の実質的オーナーである島津久光《ひさみつ》も、「鳥羽・伏見の戦いは、西郷と大久保が勝手にやった私闘にすぎない。薩摩藩は関係ない」と幕府に申し開きをする可能性大でした。その証拠に、久光もその側近ナンバーワンの小松帯刀《たてわき》も、国許《くにもと》薩摩に帰っています。

勝つ以外に、大久保と西郷は生き残る道はありませんでした。

このとき、大久保は京都の朝廷にいました。

彼のもとには、旧幕府軍が優勢という報告が次々に届き、臆病な公家たちは早くもパニックになりかけています。

薩摩藩が負ければ、味方した公家たちもただではすみません。

右往左往する公家たちを尻目に、大久保は「大丈夫でごわすよ」とキセルを吹かして、悠々と昼寝をしたりしていました。

その様子を見て、公家たちも次第に落ち着きを取り戻します。

戦況は一進一退で、局面によっては負けている状況であったにもかかわらず、大久保が落ち着いていられたのは、幾重にも手を打っていたからです。


第三章で後述しますが、大久保は次の手として、錦《にしき》の御旗《みはた》を用意していました。

これで薩摩藩兵は官軍（天皇の軍）となり、賊軍となった旧幕府軍は戦意を喪失するはずだ、と見込んでいたのです。

しかし、錦の御旗を見ても幕府軍がひるまない可能性もあります。そのときは天皇を担《かつ》いで、長州藩領まで逃げるつもりで用意を整えていました。そこで体勢を立て直せばいい、と考えていたのです。

天皇を戴《いただ》いている限り、こちらが正統な官軍でありつづけるからです。鳥羽・伏見では兵を動かせなかった長州と、今度は一緒になって京都まで攻め上《のぼ》ればいいのです。それもうまくいかなければ、次は薩摩藩領まで天皇巡幸《じゅんこう》を願い、それでもダメなら、イギリスに亡命する手もある——。

大久保のように、先の先まで周到に用意していれば、目の前の戦いも冷静にみれますし、不利になっても慌てることはありません。リーダーが動揺していなければ、周囲や部下は希望をもって戦いつづけることができます。

くれぐれも「この策は絶対うまくいく！」「この策に懸《か》ける！」と勢いだけで攻め込まないようにしてください。部下からしたら、そんなリーダーの姿勢は、不安以外のなにものでもないのですから。

戦術コラム 1

「上策には下策を」

「好漢《こうかん》、惜しむらくは兵法を知らず」

良い人間だが、戦いのやり方を知らない、という意味です。これは、平安時代中期の「前九年の役《ぜんくねんのえき》」で蝦夷《えぞ》(現・東北地方)を討伐し、京に凱旋してきた源義家《よしいえ》に対して、学者の大江匡房《おおえのまさふさ》がいった言葉です。匡房は〝神童〟と称され、和歌・漢詩はもとより、歴史、儀式、遊芸から兵学にいたるまで、通じていないものがない、といわれた人物でした。

戦いに勝利して戻ってきた人に、なんてひどいことを言うのだと思うかもしれませんが、言われた義家は腹を立てるどころか、このひと言で大江匡房に師事して兵法を学びました。

儒学者であり、代々、中国の兵法『武経七書《ぶけいしちしょ》』を管理していた大江家にあって、図抜けた秀才にそう言われたら、自分もまだまだだと思い、さらに精進した義家は押しも押されぬリーダーになっていったのです。

戦場同様に、ビジネスの現場でも「好漢」（好ましい感じの男性）でいるだけでは、勝つことはできません。

好漢であるうえに、さらに戦術の力を身につけたら鬼に金棒でしょう。

各章のコラムでは、筆者の好きな戦術を一つずつ紹介します。ぜひ、ビジネスの現場で使ってみていただければと思います。

川中島の戦いであえて下策を使った上杉謙信の心境とは？

武田信玄と上杉謙信が雌雄を決した「川中島《かわなかじま》の戦い」は、皆さんもご存じでしょう。

全部で五回行われた合戦の中で、もっとも激しい戦いだったのが、一五六一年（永禄四年）の第四次川中島の戦いでした。

この戦いは、小説や講談などでは、信玄の視点から描かれることが多いため、信玄が仕掛けて謙信が受けて立った戦い、というイメージがあるかもしれません。

が、史実は逆で、謙信が信玄を振り回した戦いだったのです。

すでに三回戦った二人は、お互いの性格や手の内を読み切っていました。

天才的戦術家の謙信に対して、隙のない堅実堅固な戦い方をする信玄――どちらも相手に決定打を与えられないまま、痛み分けが続いていました。

そこで謙信は、今度こそ決着をつけようと、誘《おび》き出しに警戒して応じない信玄に対して、自らを「死地」に置く〝下策〟を打つことで、誘き出そうとしたのです。

八千の上杉軍を、謙信は川中島の南端にある妻女山《さいじょざん》に登らせたのでした。

山の上に本陣を置いた謙信は、あえて信玄が山を包囲するのを待ちます。

その間に武田軍の中にいる信濃《しなの》勢を調略し、山の上と下から挟み撃ちにして、一気に武田軍を打ち砕こうという作戦でした。

成功すれば、かなりの痛手を武田軍に与えることができます。

しかし、山の上には逃げ場がありません。水の手を切られたら、瞬時にして上杉の将兵は参ってしまいます。もし失敗したら、全滅の可能性もあったのです。

実際、謙信本人がこの戦術は「下策である」と言っています。あえて不利を承知で、信玄の緻密に組み立てられた戦術を混乱させ、そこに勝機を見出そうとしたのでした。

信玄の緻密な「上策」に対し、あえて謙信は「下策」で挑んだのです。

罠を見抜かれた謙信が次にとった戦術の意外な中身

謙信の誘いに乗り、信玄は二万もの兵で妻女山を取り囲みました。けれども信玄も、並の武将ではありません。

妻女山の謙信に目立った動きがないことを怪しみ、これは罠だと直感して、囲みを解いて将兵を引き上げさせようとしました。

これでは謙信が、下策を打った意味がありません。

彼は次の手を打ちます。全軍に帰国すると陣触れをし、その際に敵陣突破することを匂わせる指示を出したのです。

信玄はいち早く、上杉軍の退却情報をキャッチして、すぐさま全軍に上杉軍への迎撃体勢を敷かせました。

南北十キロほどにわたって、各隊を配置したのですが、このときすでに信玄は、謙信の罠にかかっていました。

信玄は、上杉軍が越後に帰国するための最短ルートを塞《ふさ》ぐようにして布陣したのですが、またも謙信は下策を選んで突っ込んできました。

越後に帰る最短距離からはほど遠い位置にある、信玄の本陣を襲ってきたのです。

圧倒的に、上杉軍に有利な戦況が生まれました。

長く広がってしまった武田の各隊が、本陣に戻ってくるまでには相当の時間がかかります。しかも信玄は謙信の後ろを襲うべく、別動隊も前夜に出撃させていました。

謙信からすれば、いよいよ信玄を討てるかもしれない、と思ったことでしょう。

結果的には、信玄が指揮して武田軍が上杉軍の攻撃をしのいでいる間に、援軍がようやく到着したため、謙信は全軍に撤退の指示を出しました。

結局、この第四次の戦いも勝負がつかず、引き分けで終わりましたが、信玄はこのとき、かけがえのない片腕的存在の弟＝ナンバーツーの信繁《のぶしげ》を失ってしまいました。

筆者はこの戦い、事実上は謙信の勝ちだった、と判断しています。

戦術を立てるときは、基本的にはもっともよい策略、優れた手段、方法＝上策を考えるものですが、相手が隙のない上策でくるならば、こちらはあえて下策をぶつけてみるのも、意外にいい手かもしれません。

第二章

CHAPTER02

小よく大を制す！逆転戦術の立て方

カネもない、人もいない中で作戦を遂行し、勝利する

予算は少ない、人員も十分ではない。他の部署からのサポートも期待できない……。ないものづくしの中で、リーダーは知恵をしぼって戦術を考え出し、目標を達成しなければなりません。

戦国武将も、現代のビジネスパーソンと同じでした。つねに十分な兵力、資金、物資が用意されているわけではありません。

敵が襲ってきたら、四の五の言わずに戦わなければなりません。敵はこちらの準備万端を、待ってはくれません。

古今を問わずリーダーの仕事は、〝現有戦力〟で戦い、勝つことです。

歴史上のリーダーはどのようにして、不利な状況から逆転勝利をつかんできたのか、その成功例をいくつかみてみましょう。

逆転戦術その二

質より量で勝負する

「こんなメンバーでは勝てない」

ついリーダーが口にしてしまう、愚痴です。

もっと優秀な人材が揃っていれば、もっと大きな成果が出せるのに……。

本当にそうかもしれませんが、叶わない以上、今いるメンバーで勝つ方法を考えるのがリーダーの仕事です。

織田信長はそんな状況から、見事、逆転勝利をあげてみせました。

尾張の兵は弱い！　なのに信長はなぜ、強い？

信長の合戦といえば、前述した桶狭間の戦いや、馬防柵《ばぼうさく》を設けて三千挺の鉄砲隊で、武田の騎馬隊を打ち破った長篠《ながしの》・設楽原《したらがはら》の戦いなど、鮮やかな大勝利を思い浮かべる人が多いはずです。

さぞ信長は、屈強な部隊を率いていたのだろう、と思われているかもしれませんが、実は信長の地元・尾張の兵は、弱いことで全国的に有名でした。

その証拠に、信長は尾張国(現・愛知県西部)の隣国である美濃国(現・岐阜県南部)を領土にするまでに、実に七年間もかかっています。

なぜなら、美濃の兵は屈強で、尾張の兵はとにかく弱かったからです。

尾張の兵が弱かったのは、土地が豊かだったからでしょう。田畑から豊かな収穫があるので、他国と戦って土地を奪う必要がなく、全体的に温暖でのんびりした雰囲気に包まれていたのが尾張でした。

一方で美濃国は、尾張ほど土地が豊かではないため、兵たちはつねにハングリーであり、食べるためには戦って、他領を奪い取る以外に方法がなかったのです。

——信長が率いた兵が弱かったというのは、意外かもしれません。

しかし信長は悲観せず、弱いなりにどうすればいいか、をつねに考えていました。彼は尾張の兵の弱さの原因でもある、〝土地の豊かさ〟に注目しました。海もあるため、伊勢湾貿易で大きな収益をあげているのも尾張国でした。

つまり、資金力は豊富であったわけです。信長はそのお金を弱い兵をカバーすることに使おうと考えました。銭で兵を集める――いわゆる、傭兵《ようへい》部隊を結成したのです。

専属の家臣団を形成し、何度も攻めつづけた

信長は潤沢な資金を使って、足軽《あしがる》を次々に雇い入れ、専属の家臣団を結成しました。実はこの手法は、従来の戦のやり方を根本的に変える画期的なアイデアだったのです。

当時、合戦でかり出される足軽は、兼業農家の人々がほとんどでした。ふだんは農作業に従事し、合戦となれば武具を身につけて出陣します。今で言えば、業務委託のような形態で、必要に応じて出社するわけです。

合戦の度に、兼業農家がかり出されるのは何処も同じなので、稲刈りや田植えの時期になると、自然と争いは休戦となりました。農業の繁忙期に、戦などやってられる

かというわけです。

しかし、信長が雇ったのは農民ではなく、諸国を食いつめた専業の足軽です。農閑期も繁忙期も、彼らには関係ありません。

ですから通年で、いつでも出陣できるようになったのです。

兵の弱さを、手数《てかず》を出すことでカバーするという、信長の画期的なアイデアがここに生まれたのでした。

とはいえ、美濃の兵は強いので、攻め入ってもすぐに追い返されます。

しかしそんなことは、信長も百も承知であり、やられてもやられても新規の足軽を補充して、ひたすら美濃を攻めつづけました。

美濃の兵がいくら屈強でも、何度も何度も来られたらケガもしますし、疲れもします。

信長の軍はイナゴの大群のごとく攻め寄せてきて、追い返しても追い返してもキリがありません。

そのうえ困るのは、領土防衛戦のため、国主の斎藤氏から恩賞をもらうことができないのです。つまり、タダ働きをしていることになります。

その結果、美濃の内部で分断が起こりました。

尾張との戦場は、いわゆる国境《くにざかい》が主戦場となりますので、美濃の方では南部が中心――。

いざ尾張の傭兵が攻めて来たとなれば、美濃の南部の人はすぐさま対応しなければなりませんが、中部や北部に住む人たちはその都度、兵を引き連れて、遠路をはるばる応援に出向かなければなりません。

一度や二度ならまだしも、何回、何十回も戦場まで出向くには労力がいります。戦えば勝ちますが、そのための戦費は自前です。次第に不満がたまってきて、「国境の領地の連中だけで戦っても、十分勝てるだろう」と言い出す者も出るようになりました。

そもそも美濃の中部や北部は、織田方に攻められていないので実害がありません。

それなのに、防衛戦に何度も呼び出されて、下手をすれば生命を落とすかもしれず、その間、田畑の管理も疎《おろそ》かになります。

次第に、南部からの援軍要請に応じる人数が減っていきました。

そうなると、美濃南部の人たちは大変です。彼らは自分たちの土地が織田方に奪われかねないため、つねに戦わざるを得ません。戦えば勝つのですが、尾張の侵攻はいつ終わるかわかりません。ついには、心が折れる人々が出始めました。

「いっそのこと、降参して織田家についた方がラクなのではないか――」

ある日を境に、まるでドミノが倒れていくように、次々と美濃の南部の豪族、国人《こくじん》たちは信長の軍門に下っていきました。

美濃を治めていた斎藤氏の勢力はその分、一気に弱まり、ついに残りの地域にも織田家の調略の手が伸びて、信長は美濃を手にすることができたのです。

信長は兵が弱いというハンデを、見事に克服しました。

兵が弱いのなら、一度や二度の戦いで勝とうとせずに、何度跳ね返されても攻めつづけられる体制を整えればいい、と考えて、しつこく、あきらめずに攻勢をくり返したのです。

質で勝てないなら、量で勝負する。迷惑に感じるほどつきまとう、というのも、弱者逆転の立派な戦術ではないか、と筆者は思います。

逆転戦術その二
飛び道具を使う

織田信長がいち早く鉄砲に目を付けて、戦場で活用したことは皆さんもご存知の通りです。

前述したように、兵が弱いという弱点を補うために、信長は飛び道具である鉄砲を導入し、軍団の兵力を増強しました。

しかし、これほど強力な兵器を、なぜか他の武将たちは信長同様には採り入れていませんでした。なぜだったのでしょうか？

その理由は、鉄砲は戦場では使い物にならない、と広く思われていたからでした。

信玄も謙信も、「鉄砲」は使えないと思っていた!?

たしかに当時の鉄砲(火縄銃《ひなわじゅう》)には、多くの欠点がありました。

・火薬を入れるのに時間がかかる
・命中率が低い
・射程距離が短い
・一度撃つと、次の弾を込めるのに時間がかかる(銃身が熱せられて、すぐには使えない)
・雨の日には役に立たない

これだけ欠点があれば、生命のやりとりをする戦場で使うのを、ためらうのもわかります。

事実、信長より一世代前の武田信玄も上杉謙信も、「鉄砲? こんなものは戦場では役に立たない」という反応でした。

彼らの騎馬隊は、仮に敵が鉄砲を撃ってきたら、一発目は馬上で片手に持つ竹の束を盾にしてそれを防ぎ、二発目を撃たれる前に、突っ込んで馬上、敵の首を斬り飛ばしていました。

武田軍には〝石つぶて〟を投げる部隊もあったので、そちらの方がはるかに鉄砲より役に立ち、コストもかかりませんでした。

一方の織田信長の反応は、信玄や謙信とは違うものでした。

信長からすれば、尾張の弱兵でまともに戦っても勝てる確率は低いため、兵の弱さをカバーできる戦術を、つねに考える必要があったからです。

ひとつは、前述した一年中稼働できる正規軍をつくり、しつこく攻めつづける方法ですが、武田や上杉のような強兵集団には時間がかかりすぎます。

そんな中、兵自体の強弱はほとんど関係のない鉄砲に、信長は新たな可能性を感じたのでした。

もちろん、鉄砲には欠点が多いことも承知のうえです。が、他の可能性がなければ、信長は鉄砲に執着するしか方法がなく、自力で鉄砲の性能をアップグレードしていきました。

雨の日でも使えるように火縄の部分を傘付きにし、火薬の装塡《そうてん》時間を短縮するためにカートリッジ式に変更しています。命中率や連射性を高めて、武器としての性能を上げていったのです。

ちなみに、日本に鉄砲が入ってきたときには、一丁が現代の価格で二千二百万円以上だった鉄砲の値段が、信長が量産と改良に努めたおかげで、信長の晩年には五十万円台にまでコストダウンすることができるようになりました。

関ヶ原の戦いでは、すべての大名が鉄砲を使うほどに普及していたのです。

兵が強い立花宗茂も、鉄砲の改良に熱中した

鉄砲については、生涯無敗の武将・立花宗茂も積極的に採り入れていました。

信長と違い、最強の兵を率いていた宗茂ですが、その勢力は柳河に十三万石程度の、

まだまだ小さなもので、どうすれば大軍を効率的に倒すことができるか、彼はつねに新しい戦術を研究していました。

そして信長同様に、鉄砲に技術的改良を加えて使用したのです。

実際、宗茂は関ヶ原の戦いの際に、西軍の将として、東軍に寝返った近江国《おうみのくに》(現・滋賀県)の大津《おおつ》城主・京極高次《きょうごくたかつぐ》を落としに出撃しましたが、開城にいたった勝因は鉄砲の連射速度にありました。

宗茂の鉄砲隊は、敵が一発撃つ間に三発撃つほど速射性に優れていたといいます。

カートリッジ式の火薬と弾丸を首にぶら下げていて、これを次々に装填して、連射したというのです。

兵の弱い信長と小勢力の宗茂は、兵同士がまともにぶつかり合うのを避けて、飛び道具を使って効率的に勝利を手にしていたのでした。

新しいものを目にしたときに、使ってみたいと思う人と、今まで通りでいいやと考える人がいます。

割合的には後者の人の方が多いように思いますが、戦術においては前述した源義経の例にもあるように、新しいものを試そうとする積極性が必要なようです。新しいものはまだ粗さが残る場合もありますが、信長や宗茂のように工夫し、磨いて、改良して完成度を上げていけばいいのです。

逆転戦術その三

「士気」で勝負する

プレゼンなどで、競合相手が大企業やブランド力の高い企業の場合、戦う前から「勝てるわけがない」と考えてしまう人は多いもの。

名前や肩書きに圧迫され、気力で負けしてしまっているわけです。

そんなとき、歴史の勝者はどのように逆転の戦術を描いたのでしょうか？

江戸幕府という約二百六十年続いた巨大勢力を倒し、世の中をひっくり返した維新の英傑の一人、西郷隆盛の例を見てみましょう。

兵力は一万五千対三千だが、士気は勝っている

西郷隆盛といえば、「西郷《せご》どん」の愛称が物語るように、温和でおおらかなイメージをもつ読者も多いかもしれません。

しかし、単に「いい人」であるだけなら、歴史を変えることなどできなかったでしょう。

戦術を操り、兵を動かすときの西郷隆盛は、徹底したリアリストでした。兵の数や士気を見極め、現実的に彼我《ひが》の戦力を見定めます。

本来の西郷は理数系に強く、物事を合理的に考える能力がありました。島津の分家の篤姫《あつひめ》が、藩主斉彬《なりあきら》の養女として将軍家に輿入《こしい》れした際には、西郷が花嫁道具の手配を任されるなど、数字に強い面があったのです。

彼の戦術がいかんなく発揮されたのが、一八六八年（慶応四年）正月に起きた「鳥羽・

伏見の戦い」でした。

このとき、すでに政権を朝廷に返上したとはいえ、旧幕府の軍勢は一万五千の大軍を擁していました。

対する西郷率いる薩摩藩兵は、わずか三千です。五分の一の兵で、立ち向かわねばならない状況でした。


このとき、長州藩はいまだ〝朝敵《ちょうてき》〟の立場にあり、京へ入ることができませんでした。薩摩藩の実権を握る島津久光などは、「これは不味《まず》い」とすでに国許に逃げ帰っていました。このことは、すでに触れています。

もし戦いに敗れた際は、「あれは西郷と大久保が独断で引き起こしたことだ」と弁明し、久光は二人を切腹させて事態を収めようと考えていたのです。

そんな中で、西郷は冷静に逆転勝利の方策を思案していました。


西郷の見立てでは、兵数のうえでは大きな差があるものの、両軍の士気を比べれば、むしろ薩摩藩の方が数段上と見ていました。

旧幕府の兵士たちも、〝薩長許すまじき〟と燃えてはいましたが、開戦するのか和睦するのかを定めず、前将軍の徳川慶喜や会津藩主の松平容保《かたもり》、桑名《くわな》藩主の松平定敬《さだあき》も、安全な大坂城にいて戦場には出てきていませんでした。

旧幕府軍の中途半端さを象徴していたのが、進軍中の大砲や銃でした。実弾を装塡していなかったのです。

これから向かう先は京都であり、誤って流れ弾が朝廷に撃ち込まれれば一大事となります。〝朝敵〟とみなされたら大問題だ、とインテリの多い旧幕将たちは考えたのでした。

士気が低ければ、大軍もただの烏合の衆

そもそも旧幕府側は、薩摩藩兵と戦になる可能性は低い、と見ていました。

圧倒的な兵力差を見て、薩摩藩はビビって退くだろう、と高を括っていたのです。

大政は奉還しても、まだまだ徳川家の威光は大きいと思っていたわけです。もちろ

ん、これは完全な見込み違いでした。

西郷率いる薩摩藩兵は、「この戦いこそが討幕の幕開けとなる」との意気込みを強く持っていました。

一方の旧幕府軍の士気は中途半端、思惑もバラバラです。ひと口に旧幕府軍といっても旧幕臣だけではなく、会津藩、桑名藩をはじめとする諸藩からの招集された兵や新撰組《しんせんぐみ》も加わっていました。

彼らは一八六六年（慶応二年）に起きた第二次長州征伐の失敗で、幕府の威信が地に落ちていることを肌で感じていました。だからこそ、力づくで〝薩長〟を討とうとしたのですが……。

そんな状況の中で薩摩藩兵は容赦なく、開戦を告げる一発を旧幕府軍に撃ち込んだのでした。

のちに西郷は、「あれほど嬉しかった一発はない」と語っています。

鉄砲に実弾すらこめていなかった旧幕府軍は大混乱となり、次々に薩摩藩兵に蹴散らされていきました。

この一戦は、兵数という表面的な戦力に惑わされず、士気という実際の戦力を冷静に見極めた、西郷の勝利と言っていいでしょう。

現代のビジネスにおいても、ライバル会社の士気はどうなのか、まとまり具合は、とつけ込む隙を探ることは、弱者逆転の糸口になるはずです。

逆転戦術その四
油断させる

織田信長による桶狭間の戦いは、すでに触れたように、日本の〝三大奇襲戦〟の一つに数えられています。

二万五千の今川軍を三千の織田軍が破った有名な戦いですが、兵力差は二万二千もありました。

――では、三大奇襲戦の残りの二つを、読者はご存知でしょうか？

一つは、一五五五年（天文《てんぶん》二十四年）十月、周防《すおう》・長門《ながと》・豊前《ぶぜん》・筑後《ちくご》・石見《いわみ》・安芸《あき》の守護を兼ねていた大内義隆を弑逆《しいぎゃく》した陶晴賢《すえはるかた》（前名・隆房《たかふさ》）の三万の六軍を四千の兵で毛利元就《もとなり》が破った「厳島の戦い」です。こちらの兵力差は、二万六千でした。

もう一つが、一五四六年（天文十五年）十月の関東管領《かんれい》の山内《やまのうち》上杉憲政《のりまさ》・扇谷《おうぎがやつ》上杉朝定《ともさだ》・足利晴氏《はるうじ》などの連合軍を、北条氏康《ほうじょううじやす》が打ち破った「河越《かわごえ》城の戦い」です。

この河越城の戦いは、他の二つに比べるとあまり知られていませんが、彼我の兵力差はもっとも大きく、八万対八千でした。

十倍の敵をさて、どのようにして倒したのか。その戦術を順を追って、見てみましょう。

十倍の敵を前にして北条氏康が考えたこと

河越城の戦いで見事、十倍の敵を討ち破ったのが、戦国時代の名将・北条氏康です。

初代・北条早雲《そううん》（正しくは伊勢《いせ》宗瑞《そうずい》）から三代目となる北条家の当主として関東一円

を支配し、今川義元、武田信玄、上杉謙信という名だたる強敵相手に一歩も退かず、領土を守り抜いた人物でした。

しかし、そんな氏康を窮地に陥れたのが、関東管領・山内上杉憲政と同・扇谷上杉朝定、そして古川公方・足利晴氏らが手を結んだ大連合軍です。

本来、彼らは関東管領職を巡って利害が対立していたにもかかわらず、関東独立国を標榜《ひょうぼう》する氏康の脅威を排除するために手を組みました。

大連合軍は北条の重要な拠点である「河越城」（現・埼玉県川越市）を、八万もの大軍勢で十重《とえ》二十重《はたえ》に取り囲みます。対する城内の北条軍は、わずか三千あまり……。とても勝負にならない兵数差です。

それでも氏康は、逆転の機会をうかがいます。

まず河越城内の兵士たちに、「絶対に外に討って出ずに、城を守り続けよ」と指示を出しています。

幸い、城内には数カ月間持ちこたえられるだけの、兵糧の備蓄がありました。

そのうえで、氏康はライバルである今川義元や武田信玄と、密かに和睦を結び、北条勢が河越城救援に集中できる体制を作りました。

後顧《こうこ》の憂《うれ》いを断った氏康は、八千の兵をかき集めます。


もちろん、相手は八万ですから、皆目、勝ち目はありません。

しかし氏康は、大軍は油断しやすいことを知っていました。

すでに河越城を取り囲んでから半年以上が経過していて、大連合軍は北条方を侮り、なめてかかっており、その分、油断して士気は下がりきっていました。緊張感の欠けらもありません。

なにしろ、城内からまったく攻撃してくる気配がないので、だらけきった兵士たちは陣中に遊女を引き込む体《てい》たらく(好ましくない状態)です。

忍びからの報告で、そのだらしのなさを把握した氏康は、彼らをさらに油断させる戦術をとりました。

「城は明け渡すから、なんとか城兵の生命《いのち》を助けてやってほしい」

と、敵に書簡や使者を送り、頭を下げたのでした。

気持ちを支配すれば、大軍もなす術がない

北条氏康は、三人の大将に対して、「これからは何でも言うことを聞くので、許してほしい」と降伏の使者まで送っています。

けれど彼らは、なにを今さら、といった態度で、その申し出を一笑に付しました。

「許してほしいなら、河越城だけじゃなくて、本拠地の小田原城も明け渡せ――」

と過大な要求を突き付けて来るありさまでした。

まだ河越城を落としたわけでもないのに、連合軍の陣中はすでに勝利したのも同然の様子となっています。戦場とは思えないほど、空気は弛んでいました。

北条軍に戦意なし、と判断した彼らは油断し切っていたのです。

一方、氏康はその間も、忍びを次々に大連合軍の陣中に送り込みました。ダメ押しとなる手を打つためです。

忍《しの》びたちには夜になるたびに、「敵襲だ！」と叫ばせました。

最初のころは北条の夜襲を警戒した大連合軍でしたが、声ばかりで敵は一向に姿を

現してきません。幾度かやられると、ついには真《ま》に受けなくなってしまいました。どうせまたデタラメだろうと、「敵襲だ！」と叫ばれても対応する兵士が、めっきり減っていったのです。

そうやって連合軍の気を、大いに緩ませておいてから、氏康は今度は本当に夜襲を決行しました。

八千の兵を四つの隊に分け、大連合軍のそれぞれの陣に斬り込ませたのです。

その夜、毎度おなじみの「敵襲だ！」の声が陣中に響きましたが、兵士たちは「またかよ」と真に受けず、動こうとしません。

寝ぼけ眼《まなこ》の兵が、次々と北条軍に討たれていきました。

半年間戦っていなかった彼らは、反撃するどころか、総崩れとなったのです。

連合軍の戦死者一万六千に対して、北条軍の死者は百名にも満たなかったといいます。

古今東西、例を見ないほどの鮮やかな大逆転勝利でした。

氏康は、敵の気持ちを上手に操りました。このようにすれば油断するだろうと見越して、次々と手を繰り出したのです。

現代のビジネスにおいても、心理戦の局面は多々あることでしょう。

相手の心理状態をコントロールすることができれば、人もお金もさほど必要なく、勝利することができます。

氏康の戦術は、現代にも通じる弱者逆転の法則といえるのではないでしょうか。

逆転戦術その五
世論を動かす

ここまでは、主に合戦における戦術を紹介してきましたが、ここからは日本史における二つの事件をもとに、「戦術」そのものについて考えてみたいと思います。

二つの事件とは、〝忠臣蔵《ちゅうしんぐら》〟でおなじみの赤穂《あこう》浪士《ろうし》の討ち入りと、幕府に反乱を起こした幕末の大塩平八郎の乱です。

前者は、見事に仇討ちに成功した例として有名であり、後者はあっけなく失敗した例として知られています。

両者の成否を分けたものは、何だったのでしょうか？

筆者は、「世論」（輿論《よろん》）を動かせたかどうかにあった、と見ています。

この裁判、一方的ではありませんか？

まずは、赤穂浪士のリーダー・大石内蔵助《くらのすけ》の動き方から見ていきましょう。

この事件はそもそも、一七〇一年（元禄《げんろく》十四年）三月十四日、江戸城松の廊下において、赤穂藩主・浅野内匠頭《たくみのかみ》長矩《ながのり》が吉良《きら》上野介《こうずけのすけ》義央《よしなか》（よしひさ、とも）に斬りかかり、流血騒ぎを起こしてしまったことに端を発しています。

朝廷からの大事な使者を迎える日に、よりによって江戸城内で不祥事を起こした内匠頭に対して、五代将軍・徳川綱吉《つなよし》は激怒しました。

大名であるにもかかわらず、内匠頭は即日、しかも庭先で切腹させられたのです。赤穂藩も取り潰し、と決まりました。

藩の筆頭家老であった大石内蔵助は、取り潰しを受け入れ、城の明け渡しにも素直に応じました。

そのうえで、幕府に対して「喧嘩両成敗に則《のっと》り、吉良上野介にも罰を与えるか、内匠頭の弟・大学に浅野家を再興させてもらいたい」と何度も嘆願しています。

当然ながら、幕府は耳を貸しません。そもそも松の廊下の刃傷沙汰《にんじょうざた》は、芝居や講談のような〝喧嘩〟と呼べるものではなかったのですから。

決して刀を抜いてはいけない江戸城内において、突然、抜刀した内匠頭が一方的に吉良上野介に斬りかかった事件です。

内匠頭が傷害事件の加害者であり、吉良上野介は被害者であることは間違いありませんでした。

しかし、単なる傷害事件で片付けられては、内蔵助たち旧赤穂藩士の武辺者（己れの面子《メンツ》に生命を賭ける男伊達《おとこだて》に生きている武士）は吉良上野介に仕返し（報復）をすることができません。

不公平な裁きが下されたという前提があって、初めて仕返し＝敵討ちの大義名分を得ることができるからです。

内蔵助は幕府に対して、「喧嘩両成敗を正しくおこなってください」と嘆願し続けました。

幕府に訴え続けることで、「内匠頭だけが不当に死罪にされ、浅野家だけが不当に潰された」と、世間に思い込ませたわけです。

この訴えが徐々に世の中に広まり、江戸っ子の事情をよく知らない者の中には、「内匠頭さまは、一方的に罰せられて可愛そうだ。赤穂浪士よ、仇を討て！」と、無責任な応援をする機運が高まっていきました。

「吉良上野介だけが、お咎《とが》めがないのはおかしい」

という、吉良家に対する逆風も吹き始めたのです。

世論には権力者以上の力がある

内蔵助には、「世論が自分たちに味方してくれる」という確信がありました。なぜなら、当時の幕府の〝支持率〟が最低だったからです。

天下の悪法といわれた「生類憐《しょうるいあわれ》みの令」により、庶民の不満は爆発寸前でした。生き物を大切にしろ、というごく当たり前の将軍綱吉の主張が、いつしか周囲の忖度《そんたく》により、人間よりも犬を大事にしろという、理不尽なルールとなり、その下で我慢して生活を送っていた人々を苦しめていたのです。

しかし、将軍さまに対して、その不満を直接ぶつけるわけにはいきません。

そんなとき、吉良上野介という絶好の悪役が生まれました。

吉良家は高家《こうけ》であり、幕府の重要な儀式を司る名門です。庶民が苦しんでいるときに、自分たちだけが優雅な暮らしをしている、と庶民から思われていました。

幕府の覚えがめでたいから、松の廊下の裁きでも贔屓《ひいき》されたに違いない、というわけです。

こうした世論の動向を受けて、幕府も手を打たざるを得なくなりました。すなわち、吉良上野介に「屋敷替え」を命じたのです。

高家である吉良邸は、それまで江戸城に近い場所にありました。しかし、幕府が引越し先に指定したのは、本所《ほんじょ》という寂しい地域です。ありていに言えば、赤穂浪士が討ち入りしやすい場所に吉良邸を移したのではないか、との憶測も流れたほどです。内蔵助たち赤穂浪士に対して、「討つなら勝手にやれ」というメッセージを送ったようなもの。もし、上野介の実子である上杉綱憲《つなのり》が、父の救援に駆けつけたならば、それを口実に上杉家も改易《かいえき》してやろう、との計算もあったとか。

いずれにせよ、幕府が無視できないほど、世論を動かした内蔵助の見事な戦術でした。

そしてこの先は皆さんもご存知のように、赤穂浪士は吉良邸に討ち入りを果たし、上野介の首をとって本懐を遂げますが、内蔵助はさらに幕府に対して、世論の声を突き付けます。

赤穂浪士四十七士（実際は四十六人）が行ったことは、れっきとしたテロ行為です。江戸市中において集団で大名の屋敷に押し入り、主《あるじ》を殺してしまったのですから。

ところが、幕府は赤穂浪士たちを罪人として、打首《うちくび》にするという裁きを下すことができませんでした。

なぜならば、すでに赤穂浪士は、江戸庶民の英雄になっていたからです。

巷《ちまた》(町《まち》中《なか》・世間)では、「あっぱれ、よくぞ主君の敵討ちをした」と彼らは〝義士〟と持て囃《はや》されています。

そんな赤穂浪士を単なる無法者として処刑すれば、今度こそ世論の怒りは幕府に対して直接に爆発しかねません。

だからといって、幕府の立場では「忠義者」と称えることも、できない相談です。

悩んだ末、幕府が出した結論は切腹という名誉ある自死でした。内蔵助をはじめ四十七士は誰もが死は覚悟のうえだったので、人生の最高の幕引きができたといえるでしょう。

赤穂藩という五万三千石の小さな藩の、しかもその時点ですでに取り潰されているわけですから、言ってみればただの浪人集団が、時の政権＝江戸幕府の決定を覆したわけです。

世論とは、時に権力者を上回る威力を持っていることを、赤穂浪士たちの一件は私たちに教えてくれています。

大塩平八郎はなぜ、世論を読み違えたか？

反対に、世論を読み違えたせいで失敗したのが、大塩平八郎の乱でした。

大塩の諱《いみな》ははじめ「正高《まさたか》」、のちに「後素《こうそ》」。号は「連斎《れんさい》」、「中斎《ちゅうさい》」、「中軒《ちゅうけん》」など。一七九三年（寛政《かんせい》五年）、彼は大坂東町奉行の与力を務める家に生まれました。

十年間の与力見習を経て、与力として十四年間働いています。腐敗役人を次々に糾弾する、名与力として活躍しました。

三十八歳のときに家督を養子に譲り、自らは私塾を開いて後進の育成に励みます。

実直に勤め上げた学究肌の元与力の、運命が大きく変わるのは家督を譲って七年後、一八三七年（天保《てんぽう》八年）のことでした。

この頃、断続的に続いていた大飢饉《だいききん》（天保の大飢饉）によって、全国的に餓死者が続出し、飢饉が数年つづいたことで、日本の人口は百万人以上減少したともいわれています。

そのため米の値段は急騰し、幕府は各地から大坂に集められている米を動かしてはならない、と命令を出します。

しかし、社会の危機を自身の儲けに悪用する人間は、いつの時代にもいます。米を私的に貯め込んだり、密かに大坂から運び出す腐敗役人や悪徳商人が暗躍し始めました。

すでに隠居の身だった大塩平八郎は、こうした悪人を糾弾し、彼らを取り締まってほしい、と建白書を町奉行所に出しますが、なかなかとりあってもらえません。

見るに見かねて、飢饉で苦しんでいる人たちを救うために、大塩は自分の蔵書を売り払って約七百両の資金をつくります（現在の貨幣価値に直すと、二千八百万円ぐらいでしょうか）。

そのお金を使って、大坂市中や近郊の庶民が米を手に入れられるように計ったのですが、これは〝焼け石に水〟でしかありませんでした。

「もはや、立ち上がるしかない」と大塩は覚悟を決めます。

彼は陽明学《ようめいがく》の人でもあり、この王陽明《おうようめい》によって唱道された学問は、考えることはすなわち行動すること、という激しさを内に秘めていました。

残った資産を投じて、大塩は大砲などの武器・弾薬を入手します。

私塾の門下生たちに、「不逞《ふてい》（道義を無視して、わがままにふるまう）の輩《やから》、奉行所の役人と豪商を誅殺《ちゅうさつ》するために蜂起せよ」と檄文《げきぶん》を回しました。

そして、ついに一八三七年（天保八年）二月、自宅の向かいにあった与力屋敷に大砲を撃ち込んだのです。

さらに大塩は「救民」の旗を掲げて、「悪徳商人を懲らしめよ！」と豪商の屋敷に襲撃をかけました。

大塩平八郎の呼びかけに応じた町民や農民などにより、反乱軍は瞬く間に約三百人に膨れ上がりました。

ところが、彼らのほとんどは武芸の心得のない人々でした。

不意を突かれ、一時は劣勢に陥った奉行所の役人たちでしたが、冷静さを取り戻すと大砲を引っ張り出し、幕府からの援軍の一斉射撃に合わせて攻勢に出ると、大塩軍は、蜘蛛の子を散らすように逃げ出してしまいました。

こうなれば、大塩も撤退せざるを得ません。最後は幕吏に包囲される中、火薬に火をつけて壮絶な死を遂げることになりました。

世論を直接の戦力とみなしてしまった

大塩平八郎の失敗は、「世論は必ず自分に味方をするはず」と思い込んでしまったところにありました。

食べるものがなくて困っている人がこれほどたくさんいるのに、一方で私腹を肥やす役人や商人がいるなんて許せない。この思いは誰もが抱いているはずだ、自分と同じではないか。私が起ち上がれば、みんなも生命《いのち》懸《が》けでついてきてくれるに違いない。

たしかに、役人たちの不正は許せないと考えている人はたくさんいました。

しかし、彼らは反乱を起こす＝犯罪者になってまで、自ら戦うつもりはありませんでした。

大塩は庶民の力(世論)を、直接の戦力としてあてにしてしまったのです。

前述の大石内蔵助は、庶民を直接の戦いに巻き込んではいません。討ち入ったのは旧赤穂藩士のみ。世論を使って、幕府を動かすことを目指しました。

そこが、両者の戦術の決定的な差異となったのです。

企業社会にも、大塩平八郎のような失敗をする人が、今もいます。

上司に対して正論をぶつけて、皆もそう言っています、と主張し、周囲を見渡すと頷《うなず》く人々。よし、これならいける、と執拗《しつよう》に迫ってみたけれど、誰もついてくる人はいなかった……。

誰だって上司ににらまれたくありませんから、表と裏の顔は使い分けるのは当たり前のこと。世論を力に変えるのは、極めて高等戦術といっていいでしょう。

取り扱いには、十分注意してほしいと思います。

逆転戦術その六

わからなくても、とりあえず進める

弱者逆転の戦術として、〝日本近代資本主義の父〟と呼ばれた渋沢栄一が、好んで活用した「捗《はか》遣《や》り主義」をご紹介しましょう。

渋沢栄一は幕末近くに生まれ、江戸から明治に時代が変わる時期に、弱小だった日本の経済を大きく発展させた経済人です。

二〇二四年（令和六年）の七月から、新一万円札の顔に選ばれた人物としても知られています。

彼の戦術がとくに有効なのは、新しいことを始めるときでした。

会社で新たなプロジェクトや新規営業など、新しいことを始めるときに、つい躊躇してしまう人は多いでしょう。

どんな予想外の事態が起こるかわからず、失敗することへの不安などで、なかなか具体的な行動に移せない、という声をよく耳にします。

そんなときに役立つのが、渋沢栄一が用いた「捗遣り主義」のやり方です。

一から日本の近代化を推し進めた渋沢の、戦術を紹介しましょう。

理解するよりも、進めることが大事である

この「捗遣り」とは、「物事を早く進める」という意味です。わからないことがあっても、そこで立ち止まらず、わからないままでいいから、とりあえず「X」「Y」「Z」と置いて、そのまま進めていく、というやり方です。

この方法を幼い渋沢栄一に教えたのは、彼の従兄の尾高惇忠《おたかあつただ》でした。

尾高は渋沢に当時一般の『論語』の学び方――師の読みをオウム返しにくり返す方法――を用いず、渋沢が面白いと思う『三国志演義』『水滸伝《すいこでん》』『里見八犬伝《さとみはっけんでん》』などをテキストにして、とにかく速読・多読を重視しました。

最初は意味のわからない単語がたくさん出てきますが、そこで立ち止まらず、「X」

「Y」「Z」と置いて、わからないままでいいから読み進めるのです。

すると、同じ単語が何度も出てくるので、前後の文脈から次第にわからなかった部分の意味がつかめるようになっていきます。

やっていくうちに、なんとなく意味がわかるようになるので、立ち止まらずにとにかく、進んでいけばいい――。

幼い頃にこの考え方を身につけた渋沢は、明治の近代化においても、この方法で未知な近代資本主義に突き進んでいったのです。

時間を一八六七年（慶応三年）正月まで進めましょう。

このとき、渋沢栄一は十五代将軍・徳川慶喜の実弟である民部《みんぶ》大輔《たいふ》昭武《あきたけ》の、パリ万国博覧会列席に随行します。

初めてのフランス・パリで、渋沢は四歳年上の銀行家フリュリ・エラールに出会い、彼から多くのことを学ぶことになります。

例えば、「株の売買」を渋沢は初めて経験しました。資産を現金のまま持っていても殖やせない、とエラールに教わった渋沢は、鉄道株を一万円ほど購入します。

その後、急遽帰国することになったので株を売却すると、なんと五百円も儲かっていました。現代の貨幣価値に直しますと、およそ四億円となります。

株式会社にお金を出せば、出資者も儲かることを、渋沢は身を以て体験したのです。

また、「公債証書」の仕組みを学んだのも大きな収穫でした。

民間から国家が資本を借用して、公益のための事業を興し、その利益によって借金を返済するという仕組みです。

江戸期の日本では、借金は悪いものと決めつけられていただけに、渋沢は借金が、むしろ経済発展のために役立つ、と聞いて大いに驚きました。

フランスで学んだ金融知識を、わからないまま実践!?

フランスでこの二つの体験をした渋沢栄一は、帰国後に大活躍します。

当時の日本は、明治新政府が誕生したばかりで、欧米列強のような中央集権の体制が確立できていませんでした。

江戸時代の遺産である藩が未だ全国に残っているため、まずはこれを潰さなければなりません。

しかし藩を廃止すると、藩から家禄《かろく》（給与）を得ていた武士たちは、生活することができなくなってしまいます。もし強行すれば、日本全国で大暴動が起きたことでしょう。

明治新政府はこの問題に頭を悩ませ、手を打てずにいました。


この問題を解決したのが、渋沢栄一でした。

まず彼は帰国後に、静岡で藩と商人たちによる「商法会所」（銀行と商社を足したようなもの）を設立し、新しい経済圏を生み出すことに成功しました。

フランスで学んだ株式会社の仕組みを、実践してみたのです。

もちろん、渋沢もフランスで学んだ金融や経済の仕組みが、すべて理解できていたわけではありませんでした。そもそも、フランス語もおぼつかない中で吸収してきた、短期間の知識です。

とりあえずやってみて、あとはやりながら訂正し、調整していこうと考えたのです。

渋沢の取り組みを評価した新政府は、彼を大蔵省に招きました。

当時の大蔵省のトップは大久保利通で、次官が井上馨《かおる》（長州藩士）です。明治維新を成し遂げた彼らも、経済の問題はお手上げ状態でした。

「廃藩置県」を断行したのですが、武士たちへの給与を明治政府が肩代わりできず、国の中央集権化は遅れ、旧幕府の後始末に国家の財政は逼迫《ひっぱく》していました。

一刻も早い、中央集権化＝「廃藩置県」が求められていました。


そこで渋沢は、フランスで学んだ「公債証書」の仕組みを採り入れ、「秩禄《ちろく》公債」という方法を明治政府の中で活用し、「廃藩置県」を実現することに成功したのです。

それまで藩が毎年支払ってきた家禄を整理したうえで、一定額を据え置き、即払いの代わりに利息をつけて、何年もかけて償還していくという方法です。

当然ながら、反発もあり、理論通りに進まない部分もありましたが、そこは「捗遣り」主義の本領発揮です。わからない部分で立ち止まることなく、渋沢は粘り強くシステムの構築・補強に取り組みました。

その結果、明治の日本は近代国家に生まれ変わることができたのです。

渋沢栄一はその功績を〝薩長〟藩閥政府に認められ、旧幕府出身者でありながら、例外的に〝日本の経済〟を託されたのでした。

皆さんも、ときにはわからないことはわからないまま、物事を進めてみてもいいのではないでしょうか。とりあえず、「X」「Y」「Z」と置きながら。

前に進んで、見える景色が変われば、その分、知識が増え、理解が進み、新しい状況が生まれていくはずです。

逆転戦術その七

捨て身の覚悟で活路を開く

俺の武器は、ガッツと信用だ——。

これは、一九八四年（昭和五十九年）に日本で公開されたアメリカ映画『スカーフェイス』（監督・ブライアン・デ・パルマ）での主人公の台詞です。

アル・パチーノ演じるアントニオ・モンタナ（通称トニー）は、キューバからアメリカに追放された犯罪者です。


すべてを失ったトニーは、裸一貫で成り上がるために、何でもやってやるという覚悟です。麻薬密売組織の依頼を受け、危険な取引現場にも足を運んで身体を張りました。そんなトニーが麻薬王に啖呵《たんか》を切ったのが、冒頭の場面での前ページの台詞でした。

令和の日本では、裏社会でのし上がっていく主人公の生き方は勧められたものではありませんが、何も持っていない人間にとって、「ガッツと信用」が大きな武器になるのは今も昔も変わりません。

それは、激動の時代を迎え、裸一貫で成り上がろうとする人たちが溢れていた幕末の日本においても、同様でした。

怖くて誰もやらない鉄砲商で大儲け！

幕末に、捨て身の戦術で成り上がったのが大倉喜八郎《きはちろう》です。

大倉財閥の創設者・大倉喜八郎は、のちに帝国ホテルやホテルオークラ、帝国劇場などを創設しますが、そのスタートはそれこそ裸一貫の何もない状態でした。

喜八郎の生家は越後の名主でしたが、当人は商人を志し、十八歳のときに江戸へ出ます。鰹節屋で働き、独立して乾物屋を始めますが、なかなか思うほどには儲かりません。大きな商売を始めるためには、それなりの元手資金が必要でしたが、喜八郎にはそれがありませんでした。そこで彼は、いちかばちか捨て身になるしかない、と覚悟を決めます。

選んだのは、鉄砲商《あきな》いでした。

治安は乱れ、内憂外患の幕末日本では、鉄砲の需要は十分に見込めました。

しかし、大儲けできるのがわかっているのに、当時の鉄砲商はいずれも店を閉めています。

血気盛んな武士たちが、市中で暴れている物騒な世の中でしたから、店先に鉄砲を並べていたら、略奪されかねませんし、下手をすれば、生命まで狙われたかもしれません。そんな厳しい状況でしたが、喜八郎はむしろチャンスだと考えました。

鉄砲商に丁稚奉公《でっちぼうこう》で入って、朝から晩まで働き、四カ月でノウハウを身につけて、喜八郎は三十歳で独立しました。

開業するまでは順調でしたが、鉄砲は単価が高いため、何丁も揃えて店に並べられるほどの資本が、彼にはありませんでした。

そこで喜八郎は、今でいう予約販売のやり方を思いつきます。

店の入口に、非売品の玩具みたいな銃をサンプルとして置き、客が来たら手付金をもらい、一日待ってもらいます。その手付金を持って、その足で横浜の外国商館に鉄砲を買い付けに行きました。

問題は、その道中です。処刑場であった小塚原を早駕籠《はやかご》を使って往復したのです。

小塚原は、首を斬った死体が並んでいます。人が近寄らないので、山賊や筋の悪い連中がたむろしていました。

喜八郎はそんな危険なエリアを夜中に往復して、横浜から鉄砲を運んだのです。いつ襲われてもおかしくないため、喜八郎は仕入れた鉄砲に実弾を込め、駕籠に乗っていたといいます。

まさに、捨て身の覚悟だったわけです。この生命懸けの挑戦はやがて報われ、喜八郎は少しずつ貯まったお金を使って、より大きな商い＝武器弾薬を動かせるようになっていったのでした。

生命を懸けずに、どうやって儲けるのだ！

喜八郎がすごいのは、ある程度大きな商売ができる立場になった後も、捨て身の戦術を続けることができた点です。

戊辰戦争の最中、喜八郎のもとに勤王《きんのう》方の津軽藩から、大量の鉄砲・火薬の注文が入りました。

ただし、「わが領地まで運んでくれたら、代金を渡す。が、代金はお米で払いたい」という条件付きの依頼でした。

当時の奥州は、津軽藩以外の各藩はことごとく佐幕派の奥羽越列藩同盟《おううえつれっぱん》に加盟していましたから、津軽藩の周りは敵だらけです。

そんな中を鉄砲や火薬を運んでいたら、見つかって積荷を没収される可能性があります。勤王方＝敵のもとに武器を運んでいるのですから、生命の危険もあったでしょう。

喜八郎の使用人たちは反対しました。なにも無理をして、こんな条件の悪い取引をする必要はありませんよ、と。

ところが当の本人は、「生命を懸けずにどうやって儲けるんだ！」と言い放ち、この無謀とも思える商いを強行したのでした。

喜八郎はアメリカの船をチャーターし、アメリカ国旗を掲げて武器を運びました。偽装はうまくいき、津軽までは無事に辿り着くことができたのですが、大きい船を浅瀬に入れることはできません。積み荷を小舟で降ろさなければならないのですが、小舟は諸藩に徴収されていて、なかなか手に入りませんでした。

ふつうの商人なら、ここで諦めてもおかしくはありません。

しかし彼は寺を回って、住職たちから袈裟《けさ》を買い集めました。袈裟の材料には、金《きん》帛《ぱく》（金と絹）が使われています。その金帛の切れ端を、偽装した官軍の制服の肩につけ、ニセ官軍となって小舟を集めたのです。

使用人たちは「本物の官軍にバレたら殺されます」と諌めましたが、喜八郎は「この取引ができなければ、そもそも私は赤字で首をくくらなければならん」と取り合いませんでした。

結果的に、武器弾薬を陸にあげることができ、代金であるお米を受け取り、どうにか無事に彼は生還を果たしました。

喜八郎のような生命懸けの戦術を、そのままマネすることは難しいでしょう。ただ、皆さんもリスクをとらなければ成功できない場面に向き合うことがあると思います。そんなときに、ある意味で開き直って勝負してみることは、大事なことではないでしょうか。

身を捨ててこそ浮かぶ瀬もあれ、ということだと思うのです。

戦術コラム 2

「勝って兜の緒を締めよ」

戦術を学ぶ目的は、勝負に勝つことです。

現代風に言えば、目標を達成することです。目標を達成するために戦術を学ぶわけですが、では達成したら終わりかというと、戦いはそれでもつづきます。

そのときの心構えとして大切なのが、この言葉です。

「勝って兜の緒《お》を締めよ」

（戦いに勝利したと思っても、気を抜いてはいけない。兜の緒を結び直して、気を引き締めておくべきだ）

この言葉を、最初に言った人物を知っていますか？

〝日本三大奇襲戦〟の一つ、河越城の夜襲に成功した北条氏康の、尊敬してやまない父・北条家の二代目当主・北条氏綱《うじつな》でした。

勝利したとしても調子に乗って慢心してはいけない

たとえ勝利しても、調子に乗って慢心してはいけない、と戒めたのです。

ちなみに、日露戦争終了後、連合艦隊の解散式において司令長官だった東郷《とうごう》平八郎が、この言葉を使った話も有名です。

北条氏綱は、他にも立派な言葉を残しています。

「大将によらず、諸将までも義を専《もっぱ》らに守るべし。義に違ひては、たとひ一国二国切取りたりといふ共、後代の恥辱《ちじょく》いかが。天運尽きはて滅亡を致《いた》すとも、義理違へまじきと心得なば、末世にうしろ指をさささるる恥辱はあるまじく候。昔より天下をしろしめす上とても、一度は滅亡の期あり。人の命はわずかの間なれば、むさき心底、ゆめゆめあるべからず」(「北条氏綱公御書置《かきおき》」より)

要約すると、こんな感じでしょうか。

「大将にかぎらず、武将であっても義を第一に守って生きなければならない。義に背くやり方で、仮に国をひとつふたつ手に入れたとしても、後の世から見れば恥ずかしい所業になる。たとえ天運が尽きて滅亡してしまっても、義を貫き通したという自負があれば、後世の人間から後ろ指をさされるような恥辱を受けることは、決してあるまい。昔から天下を取った人間であっても、一度は滅亡にさらされるものである。人の生命は短いのだから、卑しい考えを抱いてはいけない」

息子の北条氏康が、名将に育ったのもよくわかるような気がします。
勝つことは大事ですが、人生にはもっと大事なものがある――。
これは令和の時代においても、変わっていないはずです。

第三章
CHAPTER03

戦わずして勝つ！無力化戦術の立て方

もっとも賢い戦い方は、戦う前に勝利すること

「勝兵は先ず勝ちて而《しか》る後に戦いを求め、敗兵は先ず戦いて而る後に勝を求む」

（勝つ軍隊とは、まず勝利の条件を整えてから戦うが、負ける軍隊は、戦いはじめてから勝利の条件を求めようとする）

これは中国の兵法の、古典『孫子』の言葉です。

戦いに勝つ人は、戦う前に勝つための準備を整えており、戦いに負ける人は、戦いを始めてから勝つための方法を考える、というわけです。

孫子の言葉は、現代のビジネスにもそのまま当てはまります。

プレゼンにしろ営業にしても、賢い人は事前の準備を怠りませんが、そうでない人はその場で何とかしようと考えて、結局、失敗してしまうのです。

いかに戦う前に、勝ちを引き寄せておくか――この章では、戦う前に勝つためにいかなる準備が必要なのか、先人たちの「戦術」から学んでいきたいと思います。

無力化戦術その二

戦う前に相手の戦意を喪失させる

戦国時代、名前を聞くだけで相手を震え上がらせた集団がいました。

「武田の赤備《あかぞな》え」――武者《むしゃ》の甲冑《かっちゅう》や鎧《よろい》、具足《ぐそく》、刀の鞘《さや》、槍の柄《え》、鞍《くら》や鐙《あぶみ》などの馬具に至るまで、すべてを朱一色に染めた武田信玄の武士団です。

戦場に赤備えの騎馬隊が現れると、敵は恐怖に震え、刃を交えるどころか我先に逃げ出したという話もあるほどです。

しかしこの無敵伝説は、武田信玄の事前につくり上げたイメージ戦術の賜物でした。

実際、赤備えの部隊は武田軍の中でも精鋭を選抜して結成されており、合戦でも強かったといわれています。

朱色は戦場でも目立つため、朱色＝強いというイメージが刷り込まれていき、戦場に現れるだけで、ついには相手は逃げ出すようになったのです。

信玄はこのイメージをうまく利用して、戦わずして勝つ戦術を確立したのでした。

スポーツにおいても、このピッチャーが出てきたらもう打てないとか、ビジネスでも、この会社の人たちはきわめて優秀だから太刀打《たちう》ちできないとか、知らず知らずのうちにイメージに惑わされ、戦う前に勝負がついている場面はよくあるものです。

恐れる方ではなく、恐れられる側に回るにはどうしたらいいのでしょうか？

つづいての例を、紹介しましょう。

「錦の御旗」を立てて旧幕府軍を撃退!?

イメージをうまく利用して、相手の戦意を喪失させた例は、幕末にもありました。

薩摩藩の大久保利通は、「錦の御旗」を戦場に掲げることによって、戦わずして勝つことに成功しました。〝錦〟は厚手絹織物の総称です。

前述したように、旧幕府軍と薩摩藩兵が激突したのが鳥羽・伏見の戦いです。

旧幕府の連合軍一万五千に対して、薩摩藩兵はわずかに三千人であり、五倍の敵を相手に勝つためにどうすればいいか、大久保は戦術を練りました。

初日の戦闘では、開戦の一発を薩摩藩兵が撃ち、幸先の良いスタートを切りましたが、新式のミニエー銃を装備した旧幕府軍が優勢となった場面もあり、薩摩藩兵には形勢逆転に向けた、さらなる策が必要でした。

戦況がひっくり返ったのは、翌日の戦闘です。薩摩軍の陣地に「錦の御旗」が掲げられたのです。

攻勢に出ようとしていた旧幕府軍の将兵は、みな青ざめます。

なぜなら、この瞬間から薩摩軍は天皇の勅命を受けた官軍となり、旧幕府軍は天皇に弓を引く賊軍、〝朝敵〟となったからです。

戦意を喪失した旧幕府軍はじりじりと後退し、官軍に次々に撃破されていきました。

大久保のイメージ戦略が完全にハマったわけですが、実は当時の人は誰も本物の「錦の御旗」を見たことがありませんでした。

歴史上では、例えば鎌倉時代の承久《じょうきゅう》の乱（一二二一年・承久三年）において、後鳥羽《ごとば》上皇が「錦の御旗」を十人の武将に与えています。

あるいは、南北朝時代の後醍醐《ごだいご》天皇が挙兵した際にも用いられた、との記述はありました。

しかし、当時に使われた「錦の御旗」が、そのまま幕末まで残っていたわけはありません。誰も御旗がどんなものなのか、皆目知らなかったのです。

大久保は長州藩士の品川弥次郎《やじろう》と共に、文献資料をもとに、国学者・玉松操《たままつみさお》の助言を聞きながら、それらしく「錦の御旗」を制作しました。

幕臣たちは武士の教養として、『吾妻鏡』や『太平記』を読んでおり、「錦の御旗」のもつ意味がわかっていたため、「あれが錦の御旗か――」と恐れおののいたわけです。

おそらく大久保の、想像以上の効果をあげたことでしょう。

無力化戦術その二

情報戦で相手を無力化する

戦う前に勝つ方法として有効なのが、事前に敵の有力者を味方に引き入れることです。これを「調略」といいます。武田信玄や毛利元就も、よくこの手を使いました。

もちろん相手は、滅多なことでは誘いに応じません。そんなことは百も承知で、信玄や元就は誘うわけです。

手紙を出す。贈り物をする。ときには、「あれだけの武勇の者が当家にもほしい」と相手方の耳に入るような形で、褒めまくります。自分があの武将を誘っていることがわかるように、わざと相手方に情報を流すのです。

それでも、立派な人物であればあるほどに、当事者の気持ちが変わることはないでしょう。

しかし、この戦術が恐ろしいのは、何度もくり返すことによって、敵の周囲の人間の気持ちが揺さぶられ、そこに疑心暗鬼が生まれることです。

どんな組織も、完全な一枚岩はあり得ません。

そのうち、「脈がないのに、何度も誘うのはおかしい。もしかしたら……」と敵の同僚の中に、疑念を抱く者が出てくるのです。

いくら裏切るつもりなどない、といったところで、疑念が疑念を呼び、目指す人物はその家には居づらくなることでしょう。

巧妙に噂を流して敵の戦力を削いだ豊臣秀吉

「調略」は戦国時代、ときに合戦で勝利する以上の成果をあげることがありました。

豊臣秀吉が本能寺の変のあと、いまだ「羽柴」の姓を名乗って、領国獲得・拡大に躍起となっていた頃、この先、天下取りの障壁となるであろう織田信長の次男・信雄《のぶかつ》の勢力を、なんとか削《そ》ぎたい、と考えました。

そこで秀吉は、信雄の三人の優秀な家老に対して、「調略」＝罠を仕掛けたのです。

この三家老がいれば、信雄は合戦を任せられる、安泰だ、と言われていたほどの三人でした。

秀吉は彼らに対して、「こちらに寝返ればあなたたちを厚遇する」と誘い、その誘った事実をそのまま、信雄に伝えたのです。

三家老は最後まで秀吉の誘いには応じませんでしたが、裏切られた、と誤解した信雄によって成敗されてしまいました。

戦国時代のように生命まで奪われることはないにしても、現代においてもこうした噂を意図的に流すこと（流されること）は、けっして珍しいことではないでしょう。

彼は転職するらしい、起業するようだ、という噂が耳に入れば、「あいつがわが社を裏切るはずがない」と思っていても、最悪のシナリオが頭の片隅から離れなくなってしまいます。

そうなると、もはや重要な案件を彼に任せることはできません。情報を漏洩《ろうえい》されたら困るからですが、彼を使えないとなれば、実質的な戦力ダウンは免れないこととなります。

先の三家老は誘いを断りましたが、徳川家康の腹心だった石川数正《かずまさ》(酒井忠次《ただつぐ》に次ぐ重臣)は、秀吉の誘いに乗ったといわれています。

数正は家康が少年時代から仕えており、家康の信頼も篤い武将でした。織田信長と同盟するように勧めたのも、数正でした。

彼は、三河武士の中では突出して外交能力の高い人間で、外交の場面ではつねに家康の側に控え、助言などをしていました。

いずれ家康と雌雄を決するときが来る、と考えていた羽柴秀吉は、数正に早くから目を付けていました。

家康に会いに行った際はもちろん、別途に数正へ使者を出し、ことあるごとに「数正はいい」と褒めそやすのです。

そんな様子を見た徳川家の家臣たちは、「数正は秀吉に誘われている。いずれ当家を裏切るのではないか」としだいに疑うようになっていったのです。

人もお金も不要！　コスパのよい戦術

織田信雄と徳川家康を相手に、羽柴秀吉が戦った小牧《こまき》・長久手《ながくて》の戦いの後、秀吉は数正を通じて、家康の次男・於義伊《おぎい》(のちの結城秀康《ゆうきひでやす》)を人質に出すように迫ります。これは家康に臣下の礼を取らせるための、重要な布石でした。

しかし、家康の家臣団は小牧・長久手の戦いで勝ったのは自分たちであり、なぜ、あんな成り上がり者に、大切な於義伊さまを渡さなければならないのか、納得しません。

しかし秀吉の実力はすでに二十カ国に及び、それに比べて家康は五カ国しかもっていません。

秀吉が本気で戦《いくさ》を挑んでくれれば、徳川家は間違いなく滅んでしまうでしょう。

それがわかる外交眼を持っていたのが、数正でした。於義伊を人質ではなく、秀吉の養子に入れるのだといって、ようやく三河の武士団を納得させたのですが、秀吉はそれでも上洛して挨拶をしない家康に業《ごう》を煮やし、ついには月日を切って、開戦する旨を数正に伝えました。

秀吉はすぐさま、十万の大軍を動員する準備に入ります。

石川数正が徳川家康を裏切って、羽柴秀吉側に走ったのは、まさにこのタイミングでした。ついに秀吉は、徳川家のナンバースリーを手に入れたわけです。

徳川家の戦い方を一から十まで知っている人間が、敵陣営にいる以上、徳川の家臣たちはすぐに戦うことができません。数正は家康方の弱点を、ことごとく熟知しているのですから。

余裕の出た秀吉は、強硬路線から家康を懐柔する方針に切り替えました。

自分の妹を家康の妻＝正室とし、さらにはその妹の見舞いを名目に、母親まで人質として家康に差し出したのです。

ここまでされては、家康も秀吉に応じざるを得ません。

ついに家康は上洛し、秀吉への臣下の礼を取ることになりました。

秀吉は戦わずして、家康の戦力を削ぎ、上下をはっきりさせることができたのです。

人もお金もほとんどかけずに、大きな目的を達成したわけですから、とてもコストパフォーマンスのよい戦術と、いうことができるでしょう。

余談ですが、筆者はこのおりの石川数正の主君家康への裏切りを、主君及び徳川家臣団を守るための、思い余った苦肉の策であったと考えてきました。

読者の皆さんの見解はいかがでしょうか。

無力化戦術その三

戦うと損であると伝える

さて、私と戦うと、あなたはきっと損をすることになる――。

相手からそう告げられたら、誰でも一応は戦うのを躊躇《ちゅうちょ》するかもしれません。

強いからこそ言える台詞かもしれませんが、必ずしもそうとは限りません。相手の懐《ふところ》事情に通じていれば、損得計算を先回りして提案することもできるでしょう。

強い立場でそれを伝えたのは、関ヶ原の戦いを前にした、五大老筆頭の徳川家康でした。

豊臣秀吉亡き後、天下の勢力は五大老の一人である家康と、秀吉の遺児・秀頼を補佐する五奉行の実力者・石田三成に二分されました。

これまでの実績、実力からは家康が大いに優勢でしたが、秀吉から恩義を受けた武将も多く、彼らの動静次第では、どちらが勝つかわからない状況となっていました。

そこで家康は、関ヶ原で雌雄を決する前に、三成率いる西軍の諸大名におびただしい数の手紙、ダイレクト・メールを送りました。

「私に味方してほしい」「西軍に味方しなければ恩賞を与える」「敵に回ればただではすましませんぞ」などと、煽《おだ》てたりすかしたり、脅してみたりしながら、自分と戦うと損だということを、くり返し角度を変えて伝えたのです。

関ヶ原の年の七月には三十四通、八月には九十三通、九月には三十四通と、すさまじい数の手紙を書いています。もちろん徳川家の重臣たちも、主君に負けず、大量の書簡を諸侯に送っています。

戦いが始まると、その甲斐あって西軍の武将は次々に裏切ったり、戦いに加わらないという行動に出ました。おかげで、戦いはわずか半日で決着がついてしまいました。

それから十四年後、すでに江戸幕府を開き、徳川の体制を盤石にしつつあった家康は、豊臣方との最終決戦に臨みます。

大坂の陣です（大坂の役とも）。今度は家康が何も言わずとも、彼と戦うのは損だと皆が勝手に考えてくれたため、豊臣秀頼が援軍要請の手紙を、懸命に諸国の大名たちに配っても、大坂城に駆けつけた現役の大名は、ただの一人もいませんでした。

江戸を火の海にするぞ、と脅した勝海舟の交渉力

家康とは逆で、弱い立場にもかかわらず、自分と戦うのは損だ、と警告したのは幕末の幕臣・勝海舟でした。

その結果は皆さんもご存知の通り、江戸の無血開城に成功し、戦う気満々だった西郷隆盛に矛を収めさせました。改めて、詳しく見ていきましょう。

一八六八年（慶応四年）三月十三日、江戸の三田の薩摩藩邸において、官軍の実質的な総大将である西郷隆盛と、旧幕府の代表者である勝海舟が面談しました。

残された両者対面の図には、二人しか描かれていませんが、西郷の後ろには桐野利秋《きりのとしあき》をはじめとする、薩摩藩士たちがズラリと並んでいます。

勝のかたわらには、旧幕府の目付《めつけ》も同席していました。

このおりすでに、最後の将軍・徳川慶喜は恭順の意思を示して上野寛永寺で謹慎しており、勝海舟に全権を委ねていました。

西郷は幕府の象徴である江戸城を総攻撃し、「戦って勝った」と人々に印象付けたいと目論んでいましたが、勝は西郷との交渉により、戦を避け、「戦わずして勝つ」ことを意図していました。

そのため勝は、勝つための準備を進めたうえで、交渉に臨んだのでした。

勝は「もし江戸城を攻撃するなら、こちらにも覚悟がある。江戸の町を火の海にしてもかまわないのか？」と西郷に迫ります。

これは単なる脅しではなく、勝は事前に火消したちと打ち合わせをしていました。

そして火消したちが、江戸中に火をつけてまわった際には、江戸の市民を漁師たちの船で、水上、川越まで逃がす算段もできていました。

西郷率いる官軍としては、戦いに勝った後、明治新政府にスムーズに移行するためには、江戸城以下の江戸のインフラを、できるだけ活かしたいのが本音でした。大規模な復興事業は、資金的にも避けたいところです。

一方で勝は、戦いを避ける準備もしていました。

官軍と一戦交えて一矢《いっし》報いたい、と考えている新撰組などの好戦集団には、「甲陽鎮《こうようちん》撫隊《ぶたい》」として、甲府城を取ることを勧め、甲府に向かわせました。

勝と並ぶ幕府の実力者・小栗上野介忠順《おぐりこうずけのすけただまさ》が招聘《しょうへい》したフランス軍人たちにも、武器弾薬を渡すので江戸からは出てほしい、と伝え、江戸から離れさせて関東から東北へ向かわせました。

「火種になりそうな連中は排除したから、官軍は安心して江戸を占拠できる」というメッセージを西郷に伝えたのです。

交渉が決裂した場合、西郷は翌々日の十五日に江戸城を総攻撃する予定でしたが、勝の押しと引きを巧みに使った交渉により、冷静に損得勘定をした結果、攻撃を取りやめることを決めました。

勝は周到な準備によって、戦わずして交渉成立を勝ち取ったのです。

無力化戦術その四

恐怖で相手を縛る

戦術二の「情報戦で相手を無力化する」と、戦術三の「戦うと損をする」を合わせたのが戦術四です。

ひと言でいえば、恐怖（あるいは喜び）によって相手を思考停止状態に陥れる戦術です。

これを用いたのが、豊臣秀吉の軍師といわれた黒田官兵衛《かんべえ》でした。

信長は生きている——軍師・官兵衛の戦術

一五八二年(天正十年)六月二日未明——。

京都の本能寺に滞在していた織田信長は、重臣の明智光秀の裏切りにあい、炎の中で自らの生命を絶ちました。世にいう、本能寺の変です。

翌三日に、秀吉と官兵衛は備中国(現・岡山県西部)の高松城攻めの陣中で、その知らせを受けます。

秀吉にとって主君信長は、自分を足軽から台所方、さらには織田家の幹部に取り立て、中国方面軍司令官に抜擢してくれた大恩人です。その信長が突如、この世からいなくなったのです。

秀吉は驚き、悲しみながらも、極力冷静に、この後の展開を考えました。

信長と一緒に跡継ぎである信忠《のぶただ》も討ち取られた今、織田家を継ぐのは年齢的には次男の信雄か、三男の信孝《のぶたか》でした。しかし、彼らは秀吉のことを嫌っています。
筆頭家老の柴田勝家や幹部の滝川一益《かずます》も秀吉とは反りが合いませんでした。

秀吉の立場は、これまでと違い、危うくなります。

これまでは信長の贔屓で優遇されてきましたが、本来の秀吉の織田家の席次は、勝家・丹羽《にわ》長秀《ながひで》・滝川一益・池田恒興《つねおき》の下でしかありません。閑職に追いやられるだけでなく、下手をすれば、理由をつけて処罰されるか、追放されるかもしれません。

それを防ぐ手立てはただひとつ、主君の仇である明智光秀を、他の誰よりも早く討つことでした。

仇を討った功労者となれば、反秀吉派の武将たちも彼をおろそかにはできません。
そのためにも、一刻も早く上方に戻る必要がありました。

詳しくは六章で後述しますが、ここで秀吉の軍師である黒田官兵衛が奇策を打ち出し、居城である姫路城までの約百七十二キロメートルをわずか一昼夜で一気に駆け戻ります。

これも含め、秀吉はいわゆる〝中国大返し〟を上方《かみがた》まで、行うことになります。

しかし、いくら早く戻っても、叛逆者の明智光秀を討たなければ意味がありません。官兵衛は、姫路に戻る道中でさらなる（〝中国大返し〟以外の）必勝の策を温めていました。

彼は姫路城に戻ると、情報将校や忍びを各地に走らせ、三日間かけて「信長公の首が何処かで晒《さら》されたかどうか」を、徹底的に調べさせたのです。

もし、信長の首が発見されていれば、光秀は必ずそれを晒すはずです。自分こそが信長を討ったのだ、と天下に知らしめるためにも、この行為は必須であったでしょう。

ところが、四条河原、五条河原、六条河原などの刑場に、信長の首は一切晒されていませんでした。報告を受けた官兵衛は、「これぞ天佑《てんゆう》なり！」と、手を叩いて喜んだといいます。

何がそれほど嬉しかったのか――信長の首が晒されていないということは、死んだという確証がない、ということです。すぐに官兵衛は、秀吉に畿内《きない》の各大名に宛てての、手紙を書かせました。

「信長公は生きている。いま逆臣・光秀を討つべく、安土《あづち》で準備をしている。織田家の配下の武将たちは、すみやかに秀吉の軍に合流せよ」


生きているはずがない。でも、もし生きていたら……


信長が生きているという情報は、瞬く間に畿内の織田系の諸将の間を駆け巡りました。

その効果は絶大！　すでに光秀から味方に付くよう誘われ、その気になっていた高山右近《うこん》や中川清秀《きよひで》、池田恒興などの畿内の大名が、すぐさま秀吉の下に駆けつけたのです。

もちろん、彼らも信長が生きているわけがない、と思っていました。

なにしろ、丸焼けになった本能寺に、家臣を派遣していたのですから。生き延びている可能性は限りなく低い、と彼らは判断していました。

もし本当に信長が生存しているならば、もう少し早くその事実を明かしてくれてもよかったはずです。けれども、人間心理の面白いのはここからです。

「信長公は十中八、九生きていまい。だが……万が一、信長公が生きていたら……、秀吉軍に合流しなければ間違いなく、恐ろしい目に遭わされる」

官兵衛は、人間が恐怖で動くことを知っていました。万が一の低い確率であっても、信長に逆らうというリスクを、諸侯は犯したくなかったのです。

ただし、このはったりをかます（利かせる）戦術は、期間限定でなければ通用しません。

本能寺の変からひと月後に、「実は信長公は生きている」などと噂を流しても、さすがに信憑性がなく、誰も信じなかったでしょう。

絶妙のタイミングで情報を流すことで、効果を最大限まで引き上げた官兵衛の見事な戦術により、彼の推輓《すいばん》した羽柴（のち豊臣）秀吉の天下取りは、大きく前進したのでした。

戦術コラム3

「T字戦法」

戦術は実践してこそ意味があるものですが、理論上は完成していても実践するのが難しい戦術もあります。

その一つが、日本海海戦で威力を発揮した、と伝えられてきたT字戦法でした。日露戦争で、ロシアのバルチック艦隊を破った戦術です。司令官は東郷平八郎でした。しかしこのT字戦法は、明治海軍が持ち得た智謀の人・島村速雄《はやお》によって、すでに日清戦争のときには理論上、できあがっていたのです。

ただ、当時はまだ近代日本の海軍が誕生して日が浅く、各艦の操縦技術に差があり、海上で各艦が揃って、統一した行動が取れず、うまくいきませんでした。

日露戦争でようやく陽の目を見た、真価を発揮したT字戦法が、火を噴《ふ》くまでを簡単に紹介しましょう。

戦術は理屈がわかるだけでは、実戦に使えない

日露戦争（一九〇四〜一九〇五年・明治三十七〜三十八年）の勝敗を決めた「日本海海戦」ですが、最後までどちらに勝利が転ぶか、わからない戦いでした。

日本の陸軍は満州でロシア軍と交戦中であり、必要な武器弾薬や食糧を運び込むためには、日本海の制海権を日本が握らなければなりません。

ロシアの旅順艦隊は壊滅したものの、ロシアにはもうワンセット＝バルチック艦隊が残っていました。

そのバルチック艦隊が、旅順の残存艦に合流すべく、ロジェストヴェンスキー司令長官のもと、リバウ軍港を出航。史上最長の遠征をおこない、日本海に迫ってきます。

このロシアのバルチック艦隊を討つチャンスは、たった一度しかありませんでした。艦隊が日本海に入ってくる瞬間です。

もしそこで逃してしまえば、旗艦「スワロフ」をはじめ戦艦八隻、装甲巡洋艦三隻、巡洋艦六隻など、ロシア軍艦が日本海を縦横無尽に動きまわり、日本から大陸に送る輸送船を、次々に沈められてしまうことになりかねません。

日本海の入り口でバルチック艦隊を待ち受け、完膚なきまでに叩き潰す必要があったのです。


ところが、日本海に向かうバルチック艦隊のルートは、宗谷《そうや》海峡、津軽海峡、対馬《つしま》海峡といくつも存在していました。

連合艦隊で待ち伏せて、敵を捕捉するためには狙いを絞る必要があったのです。

そこで活躍したのが、第二艦隊第二戦隊司令官（当時）・島村速雄でした。

島村は「バルチック艦隊は、必ず対馬海峡から来る」と東郷に進言し、決戦の当日、一旦は逃げられそうになった艦隊を、ギリギリで捕捉して、歴史的な勝利を呼び込んだ立て役者でした。


島村はT字戦法を使って、バルチック艦隊を次々に撃沈しました。

艦隊をTの字の上の横線のように並べて、船の側面から一斉に大砲を発射します。Tの縦の字に並んだ敵の艦隊は、まず先頭の艦船が砲撃を受け、次に先頭に立った艦船が砲撃を受け……を繰り返し、次々に撃沈させられたわけでした。

味方と敵がうまくTの字を描く陣形になるよう操船しなければならず、実現するためには相当の訓練を必要としましたが、連合艦隊は日清戦争で実践できなかった悔しさをバネに、猛特訓を重ねて、ついには日露戦争で見事、成功をものにしたのでした。

戦術は一朝一夕では成らず、くり返しの練習が必要なことを、このエピソードは私たちに教えてくれています。

第四章

CHAPTER04

絶対に負けない！不敗戦術の立て方

欲張ったら足をすくわれる。確実に勝つための戦術とは？

前章までに紹介した戦術は、「勝つ」ことを目的としたものでした。

今も昔も、戦う者はつねに勝利することを目指さねばなりませんから、まずは勝つための戦術を覚えてほしい、と思います。

しかし一方で、大勝ちを望まず、ほどほどの勝ちでよい、という条件闘争の場面や部分的勝利を求めるビジネスの勝負はあります。

大きく勝たなくてもいいが、絶対に負けてはならない、といったシーンもあるはずです。ここだけは、と部分的に死守しなければならないような場面もあるでしょう。

だからでしょう、日本の諺《ことわざ》には昔から、「逃げるが勝ち」というのがあり、中国兵法にも「三十六計、逃げるに如《し》かず」（形勢が不利となったとき、あれこれと策を用いるよりも、逃げてしまうのが最良の方法である）というのがあります。

勝ちすぎない、ということでは、武田信玄の「五分の勝ち」という言葉が伝えられています。

この章では、負けないための堅実な「戦術」や考え方を紹介していきましょう。

不敗戦術その二
五分の勝ちでよしとする

「五分は励みを生じ、七分は怠《おこた》りを生じ、十分は驕《おご》りを生じる」

これは『名将言行録』に収められた武田信玄の言葉です。

五分の勝ちであれば、組織はさらに上を目指そうと励む、と信玄はいいます。

七分の勝ちは、心の緩みや怠慢を生むことを警告する必要が生じる。

そして十分の勝ち、つまり完勝するとメンバーの心が驕り高ぶり、組織がかえって崩壊する可能性が生まれるというのです。

大勝ちを狙うと、逆に大負けする

信玄が言う「五分の勝ちでいい」というのは、つまり半分程度の勝ちであれば、人は自分を過信せず、次はもっと頑張ろうという意識になる、というわけです。

勝ちすぎてはいけない、という考え方は、あらゆる時代において通用する普遍的な戒めを含んでいます。

勝ちすぎれば人は有頂天となり、平常心を失い、コツコツ積み上げる努力もしなくなってしまう。それが人間心理というものだ、と信玄は戒めているのです。

五分の勝ちでよい、と信玄が考えるに至ったのは、彼の苦い失敗経験がもとにありました。

一五四八年(天文十七年)の「上田原《うえだはら》の合戦」で、信玄は敵の信濃の老将・村上義清《よしきよ》の陽動作戦にひっかかってしまい、板垣信方《いたがきのぶかた》と甘利虎泰《あまりとらやす》という武田軍の飛車・角ともいうべき古参の代表的武将を失ってしまいました。

また、一五五〇年(天文十九年)の「砥石《といし》崩れ」では、またしても村上義清の戦術に翻弄され、砥石城を包囲して落とすはずが、逆に村上軍に包囲されて散々に攻撃を仕掛けられてしまいました。

いずれも勝つことに前のめりになっていたせいで、守りが疎かになり、逆に大きく負けてしまいました。

苦い経験を経て、信玄は勝つときはほどほどでよい、と考えるようになったのです。「四十までは勝つことにこだわり、四十を超えたら負けぬように工夫することだ」ともいっています。年齢的にも、大きく勝つよりも、絶対に負けないための戦術を組むようになりました。

しかし、この話には後日談があります。信玄の思いは、武田家の後を継いだ勝頼《かつより》には伝わりませんでした。

武田勝頼といえば、長篠・設楽原の戦いで織田信長率いる鉄砲隊に、散々に撃ち破られ、見るも無残な惨敗を喫した武将として記憶している方も少なくないでしょう。

しかし彼はけっして、無能な武将ではありませんでした。

むしろ個人の力量としては、戦国武将の中で五指に入るほどの能力があった、と筆者は思っています。

その勝頼がなぜ失敗したのか、彼は己れの能力を先代である信玄を超えることに使おうとしたからでした。

優秀な父（先代）を持つ子供は皆、このジレンマに陥ります。本当は自分の方が、父より優秀なのだ、と周りに知らしめたい気持ちを抑えられなくなってしまうのです。

これは現代社会でも、よくみられる現象でしょう。

たいていは能力のある、出来物《できぶつ》（人格・才能に優れた人物）の二代目社長が、己れの能力を過信して、調子づき、よせばいいのに新規事業に手を出して会社を潰してしまったとか、カリスマ上司の跡を継いだ人が上司のやり方を全否定して、仕事が回らなくなったとか、顧客の方ではなく売り手の身内を意識しすぎて動き、結果が出ない、というようなことはよくあることです。

勝ったとしても、払う犠牲が大きすぎる

武田勝頼の話をもう少しつづけると、彼は父・信玄が生きているときに落とすことができなかった遠江国《とおとうみのくに》(現・静岡県西部)の高天神城《たかてんじん》を落とすことに、執着しました。高天神城は要害堅固で、攻めにくい山城です。信玄がこの城を落とすことにこだわらなかったのは、戦略的価値が低かったからでした。

ところが、一五七四年(天正二年)五月、勝頼は二万五千の大軍を擁して、高天神城を急襲します。

無理押しの力攻めで、味方に千人を超える死傷者を出して、一カ月という期間をかけ、ようやく城は落城しました。

しかし後年、高天神城が徳川軍に攻められた際、勝頼はほぼ見殺しにしてしまいます。山城で援軍を送りにくかったことに加え、敵に取られたとしても武田軍としては、戦略的に不利にはならなかったからです。

けれども武田の家臣たちは、犠牲を厭《いと》わず手に入れた城を、簡単に見捨てる勝頼に不信感を抱きました。

このときの勝頼の振る舞いに不満をいだいた武将たちは、次々と彼の許を去っていったのです。

勝つ必要のないところで、勝ちにこだわるあまり、家臣の気持ちに気づけなかった勝頼は、信玄の「五分の勝ちでよい」とする教訓の真意を活かすことができませんでした。

逃げ道を一方向だけ残しておいた

一方で、「五分の勝ちでよい」＝勝ちすぎてはいけない、という考え方は、時代を超えて受け継がれています。

山崎の合戦で敗色が濃くなった明智光秀の軍勢は、一時、青龍寺《しょうりゅうじ》(勝龍寺などの別名あり)城に退いたのですが、急追してきた羽柴秀吉は、城の一方向をわざと空け、明智勢をそこから散らして、勝利を確かなものとしました。

また幕末、官軍と旧幕府軍が江戸で戦った「上野戦争」(一八六八年・慶応四年)で、官軍を勝利に導いた大村益次郎も然《しか》りでした。

大村は、上野の寛永寺に立て籠もる旧幕府方の彰義隊を、わずか半日余りで倒しましたが、決して完勝をめざしたりはしませんでした。彼もほどほどの勝ちでよい、と考えていたのです。

彰義隊に対して、大村は追いつめすぎず、奥州へ通じる北の逃げ道を用意していたのです。

寛永寺を三方向から攻めた官軍ですが、大村は根岸方面の一箇所だけはあえて兵を配置せず、敵の退路として開けていたのです。

「逃げたい者は逃げればいい」と暗に、彰義隊に示したわけです。

敵を追い詰めると、死に物狂いで反撃してきます。最終的に勝ったとしても、こちらも相応の犠牲を払うことになりかねません。

五分、あるいはせいぜい七分の勝ちをめざした秀吉や大村は、やはり名采配者といえるでしょう。

不敗戦術その二

勝ちに等しい引き分けでよしとする

部分的な勝利、場合によっては引き分けでも十分という戦いもあるでしょう。負けるのはまずいけれど、引き分けならば及第点という場面です。

織田信長が本能寺に倒れた後、その遺産を取り込んで大勢力となった羽柴秀吉（二十カ国）と徳川家康（五カ国）が戦った小牧・長久手の戦いを、家康の視点で見ると「引き分けで十分」という状況だったことがよくわかります。

これ以上勝ったら、大負けするリスクがある

一五八四年（天正十二年）三月、十万とも六万ともいわれる大兵力を擁した羽柴秀吉と、対する信長の遺児・織田信雄（百万石）と徳川家康の連合軍一万六千との間で、戦

いが勃発しました。小牧・長久手の戦いです。

秀吉に煽《おだ》てられ、己れが信長の直孫・三法師《さんぼうし》（のちの秀信《ひでのぶ》）の後見人になったつもりでいた信雄は、ようやく秀吉に騙されたことに気づき、家康と同盟を結び、秀吉に対抗しようとします。信雄が秀吉派の三家老（実は秀吉の演出）を処罰すると、秀吉はそれを口実に戦を仕掛けてきたのです。

当初、信雄方の犬山《いぬやま》城を秀吉についた池田恒興が奪取して先手を取りましたが、信雄・家康連合軍は兵力差をものともせず、小牧山に城郭を構え、前に出てきた恒興の娘婿・森長可《ながよし》を打ち負かして一勝をあげ、さらに名誉挽回を狙って、家康の三河《みかわ》への大奇襲戦を仕掛けようとした恒興―元助《もとすけ》父子、長可らを、再び長久手で撃破しました。敵将の池田恒興―元助父子、恒興の娘婿・森長可も討ち取り、家康は上々の戦果をあげたのです。

恒興らが敗れ、その知らせを聞いた秀吉は、あわてて全軍を連れて、楽田《がくでん》に構えた陣を出て、竜泉寺《りゅうせんじ》川に夜陣を張ります。

勢いに乗る徳川軍が出てくるところを明朝討ち取ろうとしたのですが、家康はこの夜のうちに、静かに小牧山城まで移動していました。

そこからは双方が仕掛けず、膠着《こうちゃく》状態に陥ります。

家康は血気にはやる家臣たちから、「なぜ秀吉を討つ絶好の機会を逃したのですか?」と尋ねられると、次のように答えたといいます。

「あのとき、夜討ちをかけたら勝ったかもしれない。しかし、それでは大変なことになっただろう。秀吉は天下統一の大功をたてようと、望んでいる人だからだ。そもそも秀吉軍は十万の兵、こちらは信雄と合わせても二万程度。この劣勢をもって、大軍と戦うだけでも武人の名誉ではないか。すでに昼の一戦に勝ったのだから、もう十分だろう。私がこの一戦に臨んだ目的は達成した。

ましてや夜襲を仕掛けて、秀吉を討ち漏らしてしまえば、秀吉は負けたことを憤り、天下を取ることよりも、まず徳川家を潰すことが先決だ、と考えよう。そうなれば、互いに無益なことだ、と思いいたったのだ」(『名将言行録』)

ここでいう家康の「目的」とは、徳川の力を秀吉や世間に見せつけることでした。

徳川は強いと思わせることができれば、今後は秀吉も軽々しく手は出せないでしょうから、抑止力が働くはずです。

家康は、最初から秀吉に完勝することなど考えていませんでした。秀吉を本気で怒らせたら、さすがの徳川軍もひとたまりもないでしょうから。

一方、秀吉からしても、九州の島津や関東の北条、奥州の伊達、そして徳川と、全国にはまだ強敵が残っていました。

家康に全勢力を傾けると、他が手薄になってしまいます。強襲すれば犠牲が多くなってしまいます。そうした秀吉の気持ちも読んだうえの、家康の静観（攻撃中止）の判断でした。

家康は狙い通り、勝ちに等しい引き分けを手にしたわけです。

不敗戦術その三

逃げるが勝ち

三十六計、逃げるに如かず——。

困ったとき、逃げるべきときには、逃げて身の安全をはかるのが、最上の策である、という中国古典兵法の極意です。

私たちは、「逃げるのは卑怯なことだ」とつい考えてしまいますが、時と場合によっては最高の戦術となることをお伝えしましょう。

潔く散るよりも、いったん逃げてリベンジする

逃げるイメージのない織田信長も、状況次第ではためらいなく、逃げるという判断も的確にしています。

例えば、一五七〇年（元亀《げんき》元年）四月に、信長は越前《えちぜん》の金ヶ崎《かねがさき》（現・福井県敦賀《つるが》市）で、浅井《あざい》・朝倉の連合軍に挟み撃ちにされたことがありました。

のちに、「金ヶ崎の退《の》き口」といわれた戦いです。

越前の朝倉義景《よしかげ》を奇襲したら、信長の義弟で味方と信じていた北近江《きたおうみ》を治める浅井長政《ながまさ》に、まさかの裏切りをされてしまいました。

敦賀平野は三方を山に囲まれ、一方は日本海に落ちる。前方から敵を迎えるだけでも難しいものを、後ろから浅井軍が迫り、挟み撃ちにされてはどこにも逃げ場はありません。信長は袋のネズミで、絶体絶命の状況に追い込まれました。

ここで信長は迷うことなく、即断で逃げ出しました。家臣や友軍をすべて置いてきぼりにしたまま、親衛隊のみを従えて駆け出したのです。

ほとんどの人間は、こうした局面にいたりますと、武士らしく潔く討死《うちじに》しようと思うものです。日本人はとりわけ面子にとらわれますから。

失敗したら華々しく散って、あの人は潔かったと周囲に印象づけられればそれでいい、と考えるわけです。

しかし信長は、状況を冷静に判断していました。挟み撃ちされたのが織田家の領地であれば、逃げたら浅井・朝倉の連合軍に領地を侵略されることになります。

しかし、戦場の越前・金ヶ崎はもともと敵地であり、信長が逃げたからといって、浅井・朝倉連合軍はそれ以上に領地を広げることはできません。

要は再戦して、勝てばいいわけです。

実際、二カ月後には、姉川《あねがわ》の戦いで浅井・朝倉の連合軍に、信長はリベンジを果たしました。

信玄や謙信に媚び、へつらってでも生き残る

信長は目的のためなら、手段を選びません。彼には面子などという概念が、そもそもありませんでした。目的はあくまで勝つこと。面子を立てることではありません。

ですから、生き残るためには平気で逃げることが選択できたのです。恥ずかしい、などとは一切考えませんでした。

世間がどのように己れを見ようが、最終的に勝てば世間の見る目も変わります。

生き抜いて再戦するためには、必要であればいくらでも逃げますし、敵に媚《こ》びを売ることも決して厭《いと》いません。

信長は織田包囲網を十五代将軍・足利義昭《よしあき》に仕掛けられて、〝磔《はりつけ》〟になったように、身動きの取れない状況に追いつめられたことがありました。

そのようなとき信長は、敵の将軍義昭であろうが、ときの第百六代・正親町《おおぎまち》天皇であろうが、泣きついて和睦の名分を得て、「死地」をくぐり抜けています。

彼には火のように攻めるイメージしかない、と思い込んでいる人には意外な史実かと思いますが、むしろ信長の強さはここにあったような気がします。

例えば信長は、武田信玄に手紙を送り、「あなたのことをリスペクト(尊敬)しています」とひたすら媚び、へつらったことがありました。

このとき信長は、南蛮渡来の珍しい品々を恭《うやうや》しく贈呈しました。信玄が治める甲斐《かい》の国は、四方を山に囲まれているため、あまり珍奇な品物は流通していませんでした。武田の家臣はその豪華さに、信長は心底、わが主君を敬慕している、とみなしました。

しかし信玄は、これは一時のハッタリ、時間稼ぎだと信長の心を読みました。

「その証拠に、贈り物を入れて来た器をよく見てみろ、心からの敬慕がないものは、器にまで気を配らないものだ。きっと器の漆塗りの層は薄いはずだ」と信玄は言いました。

なるほど、と家臣が小刀で漆を削ったところ、なんと十幾層に漆は塗られていました。

さしもの信玄もこのときは、もしかしたら信長は、わしのことを心から尊敬しているのかもしれぬ、と思ったと伝えられています。

この配慮こそが、信長の真骨頂でした。

さらに返礼の武田家の使者が来ると、信長は自ら鵜《う》飼《か》いをして獲った鮎を、使者にふるまったといいます。完璧といっていいおもてなしといえます。

一方で信長は、上杉謙信にはお気に入りの絵師・狩野永徳《えいとく》に描かせた『洛中洛外図屏風《らくちゅうらくがいずびょうぶ》』を贈り、屏風の真ん中の位置に駕籠に載っている謙信を描かせ、「あなたがこのように上洛するときは、私自ら、馬の轡《くつわ》を取って、京都をご案内いたします」と伝えているのでした。

ポルトガルの宣教師が安土城を訪れたときも、信長が自らもてなしの膳を運んできたといいます。

「急に来られたから、人手不足でな――」と、笑いながらもてなしました。

負けずに生き残るためには、何でもやるという信長の精神を、私たちは学ぶべきかもしれません。

不敗戦術その四

力添えを頼む

自分一人では、どうあがいても勝てない――。

そんなときは人の力を借りるのも手でしょう。ポイントは早めに力添えを頼み、敵の機先を制することです。

それをうまくやったのが、幕末の幕臣・勝海舟でした。

攻撃するのをやめて！ と女性に言わせた

機先を制すことを、剣術の世界では「先の先をとる」といいますが、幼い頃から剣術に勤《いそ》しみ、直心影流《じきしんかげりゅう》の免許皆伝となっていた勝海舟には、この考え方が身に沁みついていたのかもしれません。

彼は敵の多い人でした。本人は幕府のことを考えて動いているつもりなのですが、同じ幕臣たちからは〝薩長の犬〟と罵られ、嫌われていました。

勝の屋敷には、毎日のように刺客が訪れましたが、勝は自ら応対せず、華奢な女性に対応を任せていました。

「申し訳ございませんが、勝は不在でございます」

丁寧に頭を下げられると、目を血走らせてやってきた男たちは出鼻をくじかれ、なにも言えずにそそくさと帰っていったそうです。

うまく人を使って相手の機先を制し、刀を抜かずに勝つのが、勝海舟流のサバイバル術だったのです。

重要な局面でも、勝の戦術は効果を発揮しました。

一八六八年（慶応四年）、長く続いた徳川幕藩体制がついに瓦解《がかい》し、薩摩藩・長州藩を中心とした新政府軍が、鳥羽・伏見の戦いで旧幕府軍を破り、江戸に押し寄せてきたときのことです。

新政府軍は、江戸城を武力で落とすつもりでした。それにより、時代が変わったことを内外に知らしめようとしたのです。

しかし、そんなことをされては、江戸の人々が大変なことになってしまいます。

その流れを阻止するため、勝海舟は十三代将軍・徳川家定《いえさだ》の御台所《みだいどころ》だった天璋院《てんしょういん》(篤《あつ》姫《ひめ》)から、西郷隆盛へ手紙を出してもらっています。

もともと、島津家の姫君だった篤姫が徳川家に輿入れする際に、養父でもあった藩主・島津斉彬に嫁入り道具の手配を命じられたのが西郷でした。

そんな相手に、「私のいる江戸を攻撃するのをやめてほしい」と牽制させたのです。

勝は、十四代将軍・徳川家茂《いえもち》の正室だった皇女・和宮《かずのみや》からも、同様の手紙を出させています。相手は和宮の縁戚で堂上《どうじょう》公家の橋本実梁《さねやな》でした。彼は東海道鎮撫総督、ついで同先鋒総督兼鎮撫使に補せられて江戸へ向かった人物です。

西郷の闘志も、少なからず揺らいだのではないでしょうか。

外国人も使って西郷隆盛を思いとどまらせた

勝海舟は外国人もうまく使って、西郷隆盛の機先を制しました。

外国人とは、具体的にいえば、イギリスの駐日公使パークスとその部下のアーネスト・サトウのことです。

後者のサトウは英国公使館付の通訳官（のち書記官）であり、幕末のイギリス人の中で〝日本三大学者〟の一人に数えられた人物です。

「日本の混乱を鎮めるためには、将軍が諸侯の地位に下り、帝（天皇）を戴く諸侯の連合体が政治を担当するのが妥当である」

という論文を、薩長同盟ができる前に書いていたほどの日本通でした。

パークスもサトウを自らの目や耳のように、大切にしていました。

土佐脱藩浪士・坂本龍馬や長州藩士・桂小五郎《かつらこごろう》（のちの木戸孝允《たかよし》）も、サトウに会ってその卓見に耳を傾けていました。

前述した新政府軍を率いて江戸に向かう途中、西郷は横浜にある英国公使館にも気配りを示しています。

薩摩藩とイギリスとは、かつて薩英戦争を戦った間柄でしたが、その後、薩摩藩からイギリスに使節団を派遣したり、パークスが薩摩を訪れたりと、関係は良好になっていました。

西郷は、江戸で戦争になれば負傷兵が出るので、その折にはイギリス公使館にも医療行為でサポートしてもらいたい、との思いもあったようです。


ところが、江戸総攻撃の話を聞いたパークスは、烈火の如く怒りました。

「あなたたちは、降伏した人間をさらに攻撃するというのか！　既に将軍は政権を返上し、謹慎して、恭順の意を示している。にもかかわらず攻撃をやめないのは、国際法違反になる。そんな不法行為の手助けなどまっぴらゴメンだ」

味方だと思っていたイギリス公使の言葉に、西郷もさぞ驚いたことでしょう。

実はこれには裏があり、あらかじめ勝がサトウを通じて、「戦争を回避する手助けをしてほしい」とパークスに頼んでいたのです。

こうした準備をしたうえで、勝は西郷との交渉の場に臨みました。西郷は江戸城を攻撃することを諦め、江戸は戦火を免れたのでした。

負けられない一戦で、自分の力だけではなく、他人の力を借りて目的を達した勝海舟の戦術は、現代のビジネス社会においても大いに参考となるのではないでしょうか。

戦術コラム 4

「中入り」

数ある戦術の中でも、最高に難しいものの一つが「中入り《なかい》」です。

やり方自体は複雑ではなく、敵と相対している最中に、別働隊を使って他の場所を長駆《ちょうく》して攻めるという戦術です。

自軍の一部を敵の背後に回らせて、正面の部隊とともに挟み撃ちを狙うパターンが多いようです。

この「中入り」は、敵に大きなダメージを与えることができます。が、不意を突くタイミングが難しく、別動隊の動きを敵に見破られてしまいますと、逆に味方の大敗につながりかねません。そのため残念ながら、成功例はさほど多くはないのです。

対陣している敵の目を盗んで、ある程度の人数の部隊を別に動かすのですから、当然、敵は監視しています。

その警戒の目を潜るわけですから、至難の業《わざ》といえます。

信長と謙信は難易度の高い戦術を使いこなした

難易度の高い「中入り」の戦術を、見事に成功させた武将といえば、上杉謙信と織田信長ぐらいでしょうか。

コラム1で紹介したように、謙信は妻女山の上に陣取っていた本隊を秘かに動かし、武田信玄の本隊に奇襲をかけました。


一方、信長が「中入り」を使ったのは、室町幕府の十五代将軍・足利義昭による「反織田信長勢力」の包囲網に攻められたときです。

浅井長政や朝倉義景、武田信玄、本願寺《ほんがんじ》、伊勢長島《ながしま》の一向一揆、三好《みよし》勢……など、織田軍の十倍以上の兵力があちこちで、次々に織田家と戦い、戦線が拡大してしまいました。

このとき信長は、朝廷（天皇）や幕府（将軍）を動かして敵と和睦し、戦力をそっと別に集めて、敵を各個撃破するのに、「中入り」の戦術を駆使して、己れの窮地をしのぎました。

信長はできるだけ多くの兵力を集め、初戦で相手を叩いて、とにかく敵兵力を城に籠もらせます。

その敵の城の周りを取り囲むように、多くの城砦を築きます。これを「付城《つけじろ》」といい、敵はうかつに城を出ることができなくなります。

そうしておいて、「付城」の裏から将兵をそっと出し、他の戦線に差し向けていたのです。織田軍の動きが敵の城からは見えにくいため、敵は気づかず、まったく別な地域で大勝をあげることができました。有効な戦術であったことは間違いありません。

囲まれている敵は、別動隊を追うことができません。それだけ信長の「中入り」は成功率が高かったといえます。

自分にもできるのではないか？　勘違いで生命を落とす

信長の「中入り」戦術を、脇で見ていたのが、長い間、同盟を結んでいた徳川家康です。

家康は信長の合戦に参加しながら、「中入り」のやり方について学んでいました。

その経験が活きたのが、前述した小牧・長久手の戦いのおりでした。

一五八四年（天正十二年）三月から十一月にかけて、織田信雄（信長の次男）と組んだ徳川家康は、羽柴秀吉と戦いました。

初戦で秀吉軍（正確には森長可の手勢）を叩いた家康は、改築の成った小牧山城に入ります。一方の秀吉は、そこからほど近い楽田に、強靭な陣地を築き、両軍は睨み合いの状態となりました。

この状況の中で、先の一戦で娘婿の森長可が敗れ、自らの恩賞を気遣う池田恒興が、秀吉に「中入り」の戦術を行うことを進言したのでした。

「私にお任せくだされば、家康の本拠地である三河の岡崎城を突きます。慌てて小牧山城から出てきた徳川軍を、殿下の軍と私の軍で挟み撃ちにいたしましょう」

もちろん、これがうまくいけば大勝利は間違いなかったでしょう。

けれども秀吉は、首を縦に振りません。

彼もまた、信長の巧みな「中入り」戦術を間近に見てきています。だからこそ、誰でもが簡単にできる戦い方ではないことを知っていました。

それどころか、かつて織田家の遺産相続をめぐって戦った、賤ケ岳《しずがたけ》の戦いのおり、柴田勝家の部将・佐久間盛政《さくまもりまさ》は、「中入り」を仕掛けて、秀吉に粉砕されています。秀吉がGOサインを出さなかったのも頷けます。

家康に気づかれずに、別働隊を動かすのは難しい――。

池田恒興も信長の側にいて「中入り」を見ているにもかかわらず、彼は自分にもできると錯覚していました。ここが、一流と二流の武将の差かもしれません。

恒興の進言を何度か突っぱねた秀吉ですが、心は揺れていました。

もしこのまま採用しなければ、恒興は最初に約束した恩賞はもらえなくなった、と落胆して、敵軍の一方の大将・織田信雄に寝返るのではないか、と不安にかられたのです。もともと池田家は、織田家が主君の家柄である以上、ありえない話ではありません。

ついに秀吉は、池田恒興の「中入り」戦術を追認、採用してしまいます。

その代わり、〝保険〟として戦巧者の堀秀政《ほりひでまさ》をつけ、さらに大将には羽柴信吉《はしばのぶよし》（秀吉の姉の子、のちの羽柴秀次《ひでつぐ》）を加えよ、との条件を出しました。信吉はのちに、関白《かんぱく》職を秀吉から授けられる人物です。

しかし、この条件がかえって仇になってしまいました。秀吉にしては珍しい、凡ミスをしてしまいました。

秀政や秀次を加えたことで、池田の「中入り」を担う別動隊は、総勢二万以上の人数に膨れ上がってしまったのです。

家康と信雄の連合軍は、約一万六千ほどでしたので、敵本隊を上回る兵数となったのです。

こんな多人数を、家康に気づかれずに動かすのは不可能というもの。奇襲するどころか、動きはすぐさま知られてしまいます。

案の定、家康のもとには、伊賀《いが》者の忍びや付近の農民から、次々に別働隊の動きが伝えられました。

しかし家康は当初、あまりにも明らかな大軍をまさか、と考え、「囮《おとり》ではないか」と疑い、我らに仕掛けた罠であろう、と思ったほどでした。敵軍の総数より多い兵数での、「中入り」など、常識的には考えられないものだったからです。

その後、「中入り」の軍が実際に動いていることを確認した家康は、すぐさま追撃軍を出します。

まず総大将として一番後ろにいた秀次軍を奇襲し、戦経験の乏しい秀次があっさりと崩れて、秀政の軍勢に逃げ込んで衝突。その報告を受けて慌てて引き返した池田軍は、待ち構えていた徳川軍に迎撃され、ここ長久手で池田恒興、その嗣子《しし》元助、娘婿の森長可の三人は討死してしまいます。

勝利した家康は、そのまま小牧山城に帰還しました。
実力に見合わない戦術を使うと、痛い目に遭うことを歴史は教えてくれています。

第五章
CHAPTER05

部下を動かす！チーム戦術の立て方

戦術を遂行するためには、チームが一丸となる必要がある

第四章までは、状況に合った戦術をどう使うか、を中心に解説してきました。負けられない局面で、お金も人もない場面で、どのような戦術が有効か、ご理解いただけたでしょうか。

第五章では、戦術を運用するうえで大切なこと、とりわけチーム内のコミュニケーションについて見てみたいと思います。

メンバー同士のコミュニケーションが不十分であれば、どれほど有効な戦術を選んでも、勝つことは難しいに違いありません。

優れた戦術でも、参加者各人がそれをしっかりと理解していなかったり、やる気がなければ、十分な効果を発揮することはできないからです。

その典型例が、関ヶ原の戦いでしょう。

一八八五年(明治十八年)に来日し、誕生間もない明治日本の、陸軍大学校に教官と

して着任したプロシア（現ドイツ）のクレメンス・メッケルという少佐（陸軍）がいます。彼は日本陸軍の、指揮官の能力向上に尽くしてくれました。

そのメッケルが何人かの学生（選抜された優秀な士官）を連れて、関ヶ原の古戦場を旅行したことがありました。

東軍と西軍の配置や兵数の説明を受けると、メッケルは即座に「これは間違いなく西軍が勝っただろう」と断言した、といわれています。

学生たちから、「いいえ、西軍は負けました」といわれても、メッケルは「ありえない」と納得しません。地勢（高低・起伏の状態や山、川、平野の配置などからみた、その土地全体のありさま）上、西軍が敗れるはずがない、とメッケルはいいます。

「実は西軍には、多くの裏切り者が出たのです」と説明されて、ようやく納得したといいます。

家康の本陣を狙える場所に布陣した西軍の毛利軍一万五千の将兵は、静観したまま動かず、同じく西軍の小早川秀秋《こばやかわひであき》率いる一万六千の兵は東軍に寝返って、西軍を攻撃。東軍の調略による戦術で、合戦場に来る前から西軍は切り崩されていたのでした。

戦術では優れていても、きちんと運用できなければ絵に描いた餅に終わることを、関ケ原の例はわかりやすく教えてくれます。

メッケルは言います。

「よき操典で訓練された兵が、確固たる戦術にのっとって、全軍統一した意志をもって戦うなら、勝利は間違いない」

第五章では、「戦術」の力を最大限に高める、チーム内コミュニケーションについて、具体例とともに紹介していきます。

チーム戦術その二

情報を包み隠さず共有する

令和の時代に、「黙って俺についてこい」というタイプの上司は、もうほとんどいなくなったかと思いますが、日本史を全体的に見渡してみても、昔から多かった率先垂範《そっせんすいはん》型のリーダーは、その実、よほど卓越した能力がなければ使い物にはならず、優れたリーダーは部下とのコミュニケーションを上手に図って、成功に導いていることがわかります。

勝海舟のところで触れた上野戦争では、幕臣を中心に結成された彰義隊の実質的リーダーであった天野八郎が、起死回生をかけて、合戦の当日、五十人足らずの兵に「我に従え」と呼びかけ、敵に突撃しました。

天野は剣に優れ、幕臣でないにもかかわらず、彰義隊を率いた〝風雲児〟でしたが、後ろを見ると誰一人として、自分にはついてきていなかった、という話があります。

平時（ふだん）はコミュニケーションは上手くいっていたのでしょうが、非常事態にそれが稼働しませんでした。

妻との会話も、家臣にすべて聞かせる

戦国最強の武将・立花宗茂も、非常事態でのコミュニケーションをつねに気にして

いました。

なかでも情報を将兵へ開示して、共有することは徹底して行っています。偵察して集めてきた情報や、敵の内部の知り得たことなどはすべて、包み隠さず家臣に公開しています。


当たり前と思うかもしれませんが、味方にとって不利となることや都合の悪い情報を、部下に伏せる上司は少なくありません。

敵を倒すべく奮戦を期待されていると思っていたら、じつは自分たちは単なる囮役だった、とわかったときの部下の失望感は計り知れないものがあります。

そうならないために、情報は制限すべきだというのも、わからなくはありません。


ですが宗茂の場合は、味方にどれほど不利な情報であっても、包み隠さずにすべてを公開し、そのうえでどう対処すればよいか、を語るのがつねでした。

これこそが、〝常勝立花軍団〟の強さの秘密であったかもしれません。

彼はなんと、「妻との閨《ねや》(寝室)での会話を、家臣に聞かれても恥ずかしいことは何もない」とまで言い切っているほどでした。

この何も隠さず、皆に考えさせ、リーダーとしての指針をしっかり示す姿勢こそが、家臣団が彼を信頼して、とことんついて来た拠り所でもあったのです。

宗茂が事前に情報を公開して、すべての作戦を部下に伝えておくのは合理的でもありました。

いざ合戦が始まってしまえば、いちいち細かい指示を出してはいられません。

当時は今と違い、便利な通信手段などなかった時代です。ですから、事前に細かく打ち合わせをしておく必要がありました。

「おまえたちはこのポイントに潜んで、逃げてくる兵を狙い撃ちにしろ。でも、こちら側に逃げてきたら位置をここに変えて、右の隊と連携しろ――」

宗茂は情報を共有したうえで、シミュレーションを徹底的にやるので、各部隊は戦況が変化しても慌てることなく、最善―次善―第三の策と、状況に応じて対処することができました。

戦国最強の立花軍団は、コミュニケーションの密度で成り立っていたのです。

チーム戦術その二

戦う理由を説明する

織田信長には、無口のイメージがあるかもしれません。

実際、部下からいろいろ報告を受けても、「であるか」のひと言で済ませてしまった逸話は少なくありません。

しかし、肝心なことは何度も部下と話し、徹底して納得させるコミュニケーションを、信長は密にとっていました。

ですから家臣たちは、傍目に無茶、無謀とも思える主君の合戦に、不満を言わず参加したのでした。

信長は部下が納得するまで説明した

象徴的な例が、一五七一年（元亀二年）九月に織田軍が近江国（現・滋賀県）にある比《ひ》叡山延暦寺《えいざんえんりゃくじ》を焼き討ちにした際のことです。

このとき信長は、僧侶や学僧のみならず女性、子供まで皆殺しにした、といわれています。

当時、僧兵を従えた寺院勢力に、多くの武将が手を焼いていました。

それでも直接に手を出すことがはばかられたのは、中世を生きる人間として、仏罰が恐ろしかったからです。

ではなぜ、織田の家臣たちは平気で、僧兵たちと戦うことができたのでしょうか？

仏罰より信長が恐ろしかったから？　もちろん違います。

信長が家臣らに対して、「なぜ比叡山を焼き討ちにするのか」を丁寧に説明していたからでした。

信長の家臣が延暦寺を焼き討ちできたのは、裏を返せば仏罰を恐れていなかったからです。

中世を生きる者にとって、神仏に対する畏れは、二十一世紀を生きる我々には想像できないほど大きな、日常生活を縛るものでした。

それでも織田軍が毅然として征伐をやれたのは、信長が「彼らを殺しても、仏罰は当たらない」という哲学を、家臣たちに浸透させていたからでした。

「私はやがて、泰平の世をもたらす。それを天下の人々は、望んでいる。だが、僧兵たちが泰平への道を邪魔している。いまや仏教は堕落し切っている。彼らは袈裟を着ていても経文《きょうもん》すら読まない。日々酒を食らって、女性を平気で出入りさせ、破戒の限りを尽くしている。あんな奴らは坊主ではないし、叡山は学問の府でもない。延暦寺の高僧たちにも、こんな状況を野放しにしてきた責任がある。むしろ仏罰を受けるのは、彼らの方が。だから、私は攻めるのだ」

信長は決して嘘を言って、家臣を丸め込んだわけではありません。明智光秀のようなインテリと伝えられる武将も、十分に納得できるレベルの説明でした。

フィクションの世界では、信長の前で光秀が土下座して、「比叡山の焼き討ちはおやめください」と懇願するシーンがよく見られます。

しかし実際は、延暦寺焼き討ちの十日前に、地元の国人に出した光秀直筆の手紙の中で、彼自身が「僧を皆殺しにする」との決意のほどを述べていました。

そもそも光秀は、焼き討ちでの武功を評価されて、近江国坂本の城主となったのです。比叡山のある土地を、もらっているわけですから。

当時の光秀には、信長についていけば何事もうまくいく、成功するという、絶大な信頼がありました。

焼き討ちは、現代の感覚からすればとうてい受け入れられないことかもしれません。が、どのような戦術を命じても、それに見合う説得力があれば、部下はリーダーを信じてついてきてくれるのです。この比叡山焼き討ちは、そのことを雄弁に語っているのではないでしょうか。

チーム戦術その三

働きやすい環境を整える

織田信長の話がつづきますが、戦国時代に働きやすい環境を整えていた武将といえば、意外に彼でした。

がむしゃらに成果を求め、やる気を家臣団に強要するイメージが、信長には強いのですが、史実の彼は「鳴かぬなら　殺してしまえ　ホトトギス」のイメージとは程遠い、優しさと気配りが家臣団にできる、当時としては珍しい武将だったのです。

家族の団欒を大切にした

確かに信長は、家臣に対して過酷なまでにプレッシャーを与え、怠惰に対しては病的にこれを許さず、ときに仕置きをするパワハラリーダーのイメージが強いのですが、単に冷酷で無慈悲な暴君であれば、そもそもあれほど多くの部下が、ついてはいかなかったでしょう。

〝天下布武〟の王手まで、行くことも無理であったかと思われます。恐怖だけで、人を完璧に支配することはできません。

実際、織田家は他家から転職してきた者にとって、働きやすい職場でした。門地《もんち》（家柄）にこだわることなく、本人の実力のみが求められ、成果をあげればどんどん出世することができました。羽柴秀吉のような農民でも、滝川一益のような人殺しのお尋ね者でも、OKだったのです。

名門の武田家では、生え抜きの家臣と新設の外様《とざま》（新規採用）の区別が露骨であり、牢人で仕官した人々の部隊は、全軍の弾除けとして前線に出すような使い方をされていました。

信長はそのような区別はしません。転職組の明智光秀が懸命に頑張ったのも、頑張れば頑張った分、報われる制度が織田家にあったからです。

光秀は以前、朝倉義景の許に仕官したいと努力しましたが、外様の牢人というだけで、碌《ろく》な扱いをしてもらえませんでした。十年ほど越前の称念寺門前に、居座って頑張りましたが、正規の家臣にはしてもらえず仕舞い。それが信長のもとでは、次々と能力を見出され、生え抜きの誰よりも早く城持ちの身分(最高幹部)に出世しました。

信長は、家臣への気配りもよくできた武将でした。

例えば一時、清州から小牧山に城を移した信長は、単身赴任者が多く、碌なものを食していないのを知ると、すぐさま家臣たちに家族を呼び寄せることを命じています。家臣たちの体調管理や家族団欒《だんらん》(なごやかに時を過ごすこと)による心身のリフレッシュ、息抜きまで、信長は大切に考えていたのでした。

実力主義の評価システムに、福利厚生まで充実した織田家で、家臣たちがモチベーション高く働く姿が想像できるのではないでしょうか。

リーダーは戦術を磨くと共に、その原動力(活動や活力のもとになる力)への気配りの力も磨くべきかもしれませんね。

チーム戦術その四

上司の信頼を勝ち取る

『論語』に「民信無くんば立たず」という孔子《こうし》の言葉があります。弟子に対して、「政治を行ううえで、もっとも重要なのが民衆の信頼である。信頼なくして成り立つものではない」と孔子は説いたわけです。

まさに戦術も同じです。実行するメンバーからの信頼がなければ、いかなる優れた戦術も成り立つことはありません。

ただし、この信頼は部下から上司への一方向のものではなく、双方向である必要がありました。

リーダーが部下を信用していなければ、戦術を遂行するメンバーに選ぶのをためらうでしょう。部下が戦術を提案してきたとしても、内容よりも人への信頼度で採用するかを決めるリーダーも多いのではありませんか。

皆さんが部下の立場であれば、ぜひこの点に留意してほしいと思います。

忖度も遠慮もしないところが気に入られた

幕末の長州藩の〝軍師〟といってよい大村益次郎は、その後、新政府軍に移り、旧幕府軍と戦った戊辰戦争では、第一級の軍功をあげた功労者となりました。

彼は、幕末の長州藩の救世主として、歴史の表舞台に登場してきます。なにしろ、敵対する江戸幕府が、日本中の大名を動員した第二次長州征伐と、旧幕臣が立て籠もった上野の彰義隊戦争の二つで、味方に鮮やかな勝利をもたらしたのですから。

大村益次郎は本来、武士ではなく村医者の息子として、一八二五年（文政《ぶんせい》八年）五月、長州藩の領内に生まれています（最初の名前は村田蔵六《ぞうろく》）。二十二歳のとき、大坂の蘭《らん》方医《ぽうい》・緒方洪庵《おがたこうあん》の主宰する「適塾」（正しくは「適々斎塾《てきてきさいじゅく》」）に入門しました。

適塾には全国の秀才が集まってきていましたが、大村は二十五歳で塾頭になるほどの成績を修めています。

優秀な成績で塾を卒業した大村でしたが、彼はそのまま故郷に帰り、医者となります。ところが、彼には医者の適性がありませんでした。今風にいう、〝空気の読めない人〟だったことが災いしてしまいます。

患者が「今日は暑いですね」と言っても、「夏が暑いのは当たり前です」と取り付く島もない始末でした。これでは患者が来ません。


病人が来ないため、大村は医院を閉じ、兵学にのめり込むようになります。

彼の兵学の能力を高く評価したのが、長州藩士の桂小五郎（のちの木戸孝允）でした。小五郎の推薦で、大村は藩の総指揮官となり、冒頭の合戦で大きな成果を収めます。

実際の合戦では、彼の空気を読めないところが活きたようにも思います。


旧幕府の彰義隊との戦いでは、新政府の主力＝薩摩藩に対して、一切遠慮なく、敵の拠点に「真正面から打ちかかれ」と命じました。当然ながら、薩摩藩は敵の厳しい反撃を受けることは必至です。

案の定、その提案を聞いた薩摩藩士の参謀・海江田信義《かいえだのぶよし》は、刀を抜かんばかりに激高しました。しかし、大村はまったく怯《ひる》みません。

興味深いのは、剣の使い手である海江田に対して、大村はおそらく剣術のイロハも知らなかったように思われます。

時と場合によっては、斬り殺されていたかもしれないのに、大村は〝空気〟が読めず、言いたいことはすべて口にしてしまいました(最後はそのために、暗殺されてしまいますが)。

ふつうの人間は、この戦術がベストだとわかっていても、それを担当する人間を慮って、しかし彼は新人だからな、とか、これまで実績がないからなァ……と、つい躊躇(あれこれと迷って決心がつかない)してしまいます。

本当は精強なA部隊に任せたいけれど、頼みづらいからB部隊にお願いするか、といった案配です。

しかし大村に関しては、そうした遠慮や忖度が一切ありませんでした。

その態度を桂小五郎に評価され、大村は存分に力を発揮することができたのです。いい上司に巡り合えた大村と、いい部下に巡り合えた小五郎の双方の力が掛け合わされて、長州藩の戦術は最大の効果を発揮したというわけです。

戦術が採用されるかどうかは、その人の信用で決まる

大村益次郎と対照的なのが、戦国武将の真田信繁《さなだのぶしげ》、俗称でいう幸村《ゆきむら》です。信繁は一六一四年（慶長《けいちょう》十九年）の大坂冬の陣において、開戦前、豊臣方が逆転勝利を収めるための、起死回生の積極策を提案しています。

まず、総大将である豊臣秀頼が大坂城から出て天王寺《てんのうじ》に陣を敷きます。そして別働隊は、山城国《やましろのくに》（現・京都府南部）山崎や大和路《やまとじ》を制圧する。京都の伏見《ふしみ》城を奪って、洛中に火を放ち、宇治《うじ》と近江国（現・滋賀県）瀬田まで兵を出して、東からの敵を迎え撃つのです。

戦いは緒戦のイメージに引っ張られるもの。華々しい攻勢は、〝流れ〟を大坂方に導

き、その後の戦術にも大きな影響を与えたことでしょう。この戦術が実行されていれば、少なくとも守勢一辺倒の大坂方のイメージは払拭されたに違いありません。

なにしろ立案者は、関ヶ原の戦いの後、九度山《くどやま》に幽閉《ゆうへい》された名将・真田昌幸《まさゆき》(徳川軍と二度戦って、二度とも負けなかった) ——その彼が信繁に授けたとされるものなのですから、必見の価値は十分でした。

病床の昌幸が、いよいよ最後を迎えんとしたときのこと。彼は不意に「豊臣家に呼ばれたときのために、徳川を倒す秘策を温めてきたが、使えず死ぬのは無念だ」というのです。

枕元の信繁は、「ぜひ、私にお授けください」と頼みましたが、意外にも昌幸は、「いや、いってもムダであろう」と返して、さらに信繁へこう言ったとされています。

「能力でいえば、お前の方が私より上かもしれない。だが、お前がその戦術を軍議で献策しても、けっして採用されることはないだろう。世の中は、その人の信用度合で動くものだ。私が徳川軍を二度負かしたことは皆が知っているから、私への信用は高い。

大坂城に招かれれば総指揮権をくれるかもしれぬ。そうなればこの手は使える。だが、真田が徳川を倒したときの、お前の実績を世の人々は知らない。お前では大坂城は言うことを聞いてはくれないだろう」

昌幸の指摘はその通りになってしまいました。

昌幸が病没し、信繁が大坂城に入城しましたが、軍議の席上、彼の積極策は見送られ、豊臣軍は大坂城に籠城することに決してしまいました。

しかし、援軍を当てにできないまま、城に籠るだけでは、敵を倒すことはできません。もし、信繁の策が採用されていたならば……。

戦術の良し悪しよりも、大事なものがあることを、昌幸—信繁父子は、私たちに教えてくれたように思います。

チーム戦術その五

ゴールを示す

この仕事の目的は何だろう？　いま自分はどこに向かっているのだろう？

チームメンバーがこのように思いながら、仕事をしていたとすれば、そのチームのリーダーは失格といえるでしょう。

自分の仕事の価値がわからないまま、ハードワークをするのは苦痛です。

リーダーの役目は、メンバーに目的やゴールを示して、誇りややりがいをもって仕事をしてもらうことではないでしょうか。

同じ目的意識を持つことが組織を強くする

その意味で、幕末に活躍した土佐藩の脱藩浪士・坂本龍馬は優れたリーダーだったといえるでしょう。

史実の坂本龍馬は、当時の最先端である西洋流砲術を学んだ、佐久間象山《しょうざん》(ぞうざん、とも)の門下生で、優秀な理科系の技術者でした。理数系の優れた頭脳を持ち、弾道計算もできれば、語学も堪能。欧米先進国に学んだ、非常に進んだ考え方の持ち主でもありました。

その龍馬はつねに、逆算思考で動いていたといえます。

普通は1、2、3、4……と、目の前のことから順番に考え、ゴールに向かうわけですが、龍馬は1の次に10を、そして9、8、7、6……と、ゴールから逆算して考え、今どうすればいいのかを明らかにしていきました。

そうしないと、脱藩浪士で何の後ろ盾もない龍馬のもとに、人も仕事も集まってこないからです。

龍馬が掲げたゴールは、日本人全体のための海軍をつくることでした。

従来の幕府や薩摩・長州といった雄藩《ゆうはん》のものではなく、その他大勢の諸藩や、武士の垣根そのものを越えた商人・農民も参加できる不偏不党の第三の極を、彼はつくりたかったのです。

そんな龍馬の志に共感して、人々が集まり、薩摩藩が出資し、長崎にできたのが「亀山社中」でした。

「社中」はカンパニー＝会社、商会のことです。

幕末は欧米列強の影響もあって、それまで日本にあった封建制とは異質の、いわゆる横並び、平等の感覚が芽生えた時代でもありました。

身分を問わずに目的を同じくする人々が語り合って、「社中」は互いの友情を深め合いました。

実際、亀山社中には上下関係はありませんでした。給料も全員同じで、月の給料は三両二分でした。

チームとして結束が弱いのは、それぞれの目的意識が異なるからかもしれません。

ある人は成果を上げて出世したい、でも他の人は最低限の働きをして、しっかり休みをとりたい。とりあえず、命じられたことだけしたい——云々。

これでは、一丸となるのは難しいでしょう。

龍馬のように、最初から「同じ目的意識」を抱いた同志を集めてチームを作れば、ベースが共有されているので、短期間に強い組織に育つ可能性が生まれます。

チーム戦術その六

短所を長所とみなす

もっと、優秀な部下がいてくれたら……。

上司なら、誰しもが一度は口にしたことのある、台詞ではないでしょうか。

しかしながら、実際は目の前にいる部下の能力に、上司が気づいていないだけ、ということもよくあると聞きます。

部下が悪いのではなく、部下の能力に気づけていない自分が悪い、とリーダーが思えるようになれば、チームの力は一段階、上にあがるのではないでしょうか。

灯台下暗し。適任者はすぐ近くにいた

江戸時代にそのことを身を以て体験したのが、肥後《ひご》熊本藩の六代藩主・細川重賢《しげかた》でした。

重賢は、藩政改革の代表者のようにいわれる、米沢《よねざわ》藩主・上杉治憲《はるのり》(号して鷹山《ようざん》)が自らの手本とした人物であり、重賢は宝暦《ほうれき》(ほうりゃく、とも)の改革を成功させ、〝肥後の鳳凰《ほうおう》〟と賞された江戸時代中期の名君でした。

細川家は肥後熊本五十四万五を擁する大藩ですが、重賢が藩主となった頃には、日本《ひのもと》一貧しい大名に成り下がっていました。

江戸だけでも三十七万両の借金を抱え、領内は藩内にのみ通用する「銀札」を乱発したため、底なしのインフレが続いていました。

重賢は数々の施策を打ち出しますが、まったく効果があがりません。

もはや、なにをしても空しい――それが熊本藩の重臣から足軽、領民までの本音でした。

重賢が三十三歳のときには、江戸への参勤交代の費用すら捻出できない状況に陥ります。もはや、熊本藩の存続の危機でした。

重賢は「非常時の場合の人材登用は、非常の才であるべきだ」とようやく悟ります。常識的な発想ではどうにもならない、と思ったのでしょう。そして頭に浮かんだ一人が、蒲池喜左衛門《かまちきざえもん》という、かつては身近にいた家臣でした。

喜左衛門は頑固な性格で、曲がったことが大嫌い。我が強く、今でいう正論ばかりを口にする難しい人物でした。

例えば、彼が重賢の鷹狩《たかがり》の供をした際のこと。重賢から犬を引くように、と命じられた喜左衛門は、「いや、犬は犬牽《いぬひき》(犬の世話係)に引かせて下さい」と断ったといいます。

当初は我慢していた重賢も、ついに堪忍袋の緒が切れ、喜左衛門を近習《きんじゅ》(きんじゅう、などの読みもあり)から城の田際門《たぎわもん》の警固に左遷したのでした。

田際門とは勅使(朝廷からの使者)を迎え入れる目的の門ですが、熊本藩に朝廷から使者が来ることは滅多になく、ここは完全な閑職でした。

頑固で一途な性格は藩政改革に向いている

それから年月が過ぎ、別荘に出かけていた重賢が帰城するときに、にわか雨に降られたことがありました。重賢は帰路から最も近い田際門から、城に入ろうと決め、先駆けを走らせて門番に知らせました。

ところが、警固をしていた喜左衛門は、先駆けの「開門せよ」の呼びかけに従いません。

「この門は、朝廷よりの勅使をお迎えする門です」の一点張りです。

雨の中、田際門までたどり着いた重賢が、濡れたままの状態で「開門せよ」と直接命令しても、喜左衛門の態度は変わりませんでした。世の中には、このレベルの頑固者が本当にいるのです。

「殿のお体は紙ではありますまい。たとえ雨に濡れたとて、溶けはされまい。これしきのことで、安易に決まり事を変えるものではありません」梃子《てこ》でも動かない喜左衛門に根負けし、重賢は遠回りして城に戻ります。ズブ濡れです。怒り心頭に発し、「切腹を申し付けてやるか」と考えましたが、湯を浴びて平常心を取り戻しますと、そこが重賢の偉いところです。ハタと、気がついたのです。

喜左衛門のような者こそ、不可能に近い藩政改革を任せられる男ではないのか、と——。

誰もが匙を投げるような困難な状況でも、あきらめず、粘り強く改革をやり抜くのは、このような頑固者ではないのか、と重賢は気づいたのです。

一七五四年(宝暦四年)十一月、重賢は喜左衛門を藩政改革の奉行に抜擢しました。これを皮切りに、重賢は次々と〝非常の才〟の持ち主を登用していきます。

その結果、二十四年という歳月がかかりましたが、熊本藩の宝暦の改革は他藩に先駆けて、成功したのでした。

人はつい、他人の短所に目がいきがちですが、リーダーはそれが本当に短所なのかをもう一度考えてみるべきかもしれません。短所は長所でもあります。

短所を長所に変えることができれば、お金をかけて他所から新たにメンバーを引っ張ってこずとも、現有戦力で売上げを伸ばすことはできるはずです。

チーム戦術その七

扱いにくい人物を登用する

あなたが、プロジェクトリーダーに任命されたとします。部下を一人選べと言われたら、次の二人のどちらを選びますか？

- 協力的で、あなたの指示には逆らわない部下A
- Aより能力は高いが、あなたに反抗的な部下B

言うまでもなく、部下Aを選ぶリーダーが大半だと思います。

しかし、実際は部下Bを選択する方がプロジェクトの成功率は高くなります。

なぜか？　昔、銀行家の評伝を書くため、銀行の役員に取材をした際に面白い話を聞きました。

成功する支店長と、失敗する支店長の違いはどこにあるのか、という話です。


かつて銀行業界が華やかなりし時代、銀行の支店が各地に次々と誕生しました。支店の出来る前に、銀行はまず営業所を開設します。営業所が軌道に乗れば支店となり、営業所長は支店長になります。

新たに設けられた営業の所長は、営業所開設にあたり、勤務していた店舗から、部下を一人だけ連れていけたそうです。

その際、どのような部下を連れていくかで、その後の営業所長の人生が決まった、といわれていました。意外ですが、冒頭の質問のように、一番嫌いな部下を連れて行った営業所長が出世したというのです。

大概の場合は、リーダーと補佐役が同じ方向を見ていたら、死角が生まれてしまいます。目が届かない部分が、できてしまうからです。発想も似ているので、裾野が広がりません。

その点、自分が嫌いな部下は、たいてい自分と考え方や性格の違う人間です。異なる方向に目を向けているので、かえって死角が生まれにくく、発想も広がりやすいというのです。

リーダーの言動に批判的であれば、チェック機能にもなります。

お互いが緊張関係にあるから、何事も臨戦態勢で臨めるのでしょう。似た者同士だと馴れ合いになって、周囲への気配りもなくなることがよくあります。

いかがでしょうか、気に入らない部下を一緒に連れていける器量のある上司は、出世するという話ですが……。

前田利家と佐々成政のどちらを選ぶ？

とはいえ、人は御しやすい部下と御し難《がた》い部下がいれば、基本的に前者を選んでしまうものです。

天下人の豊臣秀吉でさえ、その選択をしてしまいました。

主君の信長亡き後、秀吉が天下獲りをめざす中で、一番頼りにしたのは、織田家中で仲のいい兄貴分であった丹羽長秀でした。

秀吉の「豊臣」の前の姓である「羽柴」は、織田家の重臣である丹羽長秀と、柴田勝家から一字ずつもらったのですが、秀吉は長秀の方を先にしています。

生き馬の目を抜く織田家中にあって、長秀は「米五郎左《こめごろうざ》」と呼ばれ、米のように地味ではあるが無くてはならない、家中の潤滑油のような存在でした。

名誉欲がなく、信長が上洛し、重臣たちに官位を授けることになった折も、長秀は頑《かたく》なに「私はただの五郎左(衛門尉《えもんのじょう》)で結構でござる」と辞退したほどです。

長秀は戦国乱世を終息させるためには、柴田勝家より秀吉を応援するのがよい、と信長の遺産相続の争いにあたっては、終始、秀吉を支持しました。

そんな長秀に秀吉は、越前・若狭《わかさ》の両国に加賀《かが》半分を与え、越前守《えちぜんのかみ》に任じ、北ノ庄《きたのしょう》に居城をプレゼントしています。

ところが一五八五年(天正十三年)四月十六日、長秀が五十一歳にして病で亡くなり、彼に与えていた七十万石近い領地の持ち主がいなくなってしまいました。


このとき秀吉は、前田利家《としいえ》と佐々成政《さっさなりまさ》の二人のうちどちらか、の選択を迫られます。

総合的に見て、成政のほうが器量は上ですが、秀吉が選んだのは前田利家でした。

理由は、利家ならば、もし何かあっても、いつでもすぐに潰せると思ったからです。

利家は誠実な人物として評価されていますが、裏を返せば、それぐらいしか褒めるところがない人物ともいえました。

冒頭の選択肢でいえば、秀吉は自分に逆らわない部下Aを選んでしまったのです。


しかし、この場合も正解はBの佐々成政となりました。

とにかく、成政は合戦に強い武将です。遣《や》る気(進んで物事を成し遂げようとする気持ち)が利家とは違います。

なにしろ秀吉嫌いの成政は、厳冬期の北アルプスを越える「さらさら越え」を敢行しています。

小牧・長久手の戦いで織田信雄が秀吉の単独講和を受けたおり、その決定を覆すべく、成政はアルプス越えを行った人物でした。

ただ、秀吉がまだ小者の時代から、どうしたことか成政とは反りが合わず、秀吉は成政からずっと見くびられてきた経緯がありました。

秀吉は、成政を排除する機会をつねにうかがっていたほどです。

とはいえ、いくら天下人だといっても「気に入らないから」という理由で、かつての同僚を抹殺するわけにはいきません。諸侯が納得する形で処分できる機会を、秀吉は狙っていたのです。

そして九州を平定し、全国統一も見えてきた中で、秀吉はあえて治めにくい肥後国(現・熊本県)をそのまま成政に与えました。

新領主となった成政は、実直一本槍の人物であり、秀吉に恩義を感じて検地を強行したのですが、そのため反発した国衆《くにしゅう》に一揆を起こされてしまいます。一揆の鎮圧に失敗した成政は、その責任を取らされて切腹の処分を受けました。

鬱陶《うっとう》しい存在の成政を排除し、秀吉は扱いやすい利家を五大老に抜擢《ばってき》します。

一見、すべてが順調に進んだように見えますが、選択を誤ったツケは秀吉の死後にあらわれました。

秀吉の死後、前田家の利家─利長《としなが》父子は、豊臣家を守ることができませんでした。利家が秀吉の忘れ形見・秀頼の後見をしていても、徳川家康は天下の法度《はっと》をいくつも破り、豊臣家を挑発してきました。利家は家康に対抗姿勢を示したといいますが、利家はむしろ家康に後事を託して、この世を去っています。

もし、合戦に強く真っ正直な成政を選んでいたら……と、考えずにはいられません。

チーム戦術その八
ピンチのときだけ口を出す

二〇二三年（令和五年）の夏の甲子園大会では、「エンジョイ・ベースボール」旋風が吹き荒れました。夏の全国高校野球選手権大会で、百七年ぶりの日本一に輝いた神奈川県代表の慶応義塾高校のモットーだそうです。

高校球児は丸刈りが常識でしたが、長髪で自由な髪型も話題になりました。

同校の優勝に対して、ＳＮＳ上で共感を示したのは、青山学院大学陸上競技部の原《はら》晋《すすむ》監督です。

原監督は箱根駅伝において七度の総合優勝を達成し、同校を駅伝の強豪校に引き上げた功労者でした。

その原監督も、縦社会である大学スポーツ部の悪しき文化を断ち切り、フラットなコミュニケーションができる風土をつくりました。

慶応義塾高校野球部、青山学院大学陸上競技部のどちらにも共通しているのは、選手各々の自主性です。

監督が練習メニューを一方的に決めるのではなく、部員たちがメニューを変更することもあるといいます。まさに、令和の若者にマッチしたマネジメントではないでしょうか。

いざというときだけ頼りになればいい!?

部下の自主性を重んじたのは、日露戦争で日本陸軍の、満州軍総司令官を務めた薩摩藩出身の大山巌もその一人でした。

大山は理数系の頭脳明晰な秀才タイプの人間でした。彼は幕末の兵学者・江川《えがわ》太郎《たろう》左衛門《ざえもん》のもとで、西洋流砲術も学んでいます。

そのうえ、大山は自ら「弥助《やすけ》（大山の通称）砲」という大砲さえ考案し、設計も自ら手掛けています。鳥羽・伏見の戦いでも、この弥助砲は活躍しました。

しかし、その頭の良さを彼は、部下の前で一切ひけらかしませんでした。

むしろアホウを演じるかのように、ふだんはボーッとしており、才走ったところを何一つみせなかったのです。

苦戦した日露戦争の、二百三高地の攻略戦でも、大山は総司令官でありながら、何一つ指示も出さねば、参謀たちの作戦にも口を挟みませんでした。

彼は朝早く起きて、まずお日様を拝み、昼は寝ていて会議にはめったに出ません。やることといったら、たくあんの漬物を漬けたぐらい。訪ねて来た軍の人間にも、「今日はうまく漬けたよ」といって、漬物を振る舞っています。

これこそが、大山巌のチーム統率の戦術でした。

作戦は、優秀な満州軍の参謀たちに任せておけばよかったわけです。参謀たちも、上司がこんな感じですから、自分たちがやらねばと奮起していました。

ところが、奉天《ほうてん》（現・遼寧省《りょうねい》瀋陽市《しんよう》）の会戦後に、ロシア軍が反転攻勢の逆襲に転じてきました。

参謀たちの想定を超えた攻撃で、参謀本部はパニックに陥ってしまいます。

どうしたらいいのかがわからず、皆が殺気立って、誰が悪い、彼のせいだ、と不毛な怒鳴り合いまで始まる始末です。


そこへ、大山が姿を現しました。そして開口一番、彼は尋ねました。

「朝から大砲の音がするけれど、どこぞで戦闘でも始まりましたか」と。あまりにも呑気な発言であり、とても総司令官の台詞とは思えません。

参謀連中も、「何をバカなこと言っているんだ」とあきれてしまいました。けれども、その瞬間に、一同の頭に上っていた血がスーッと下がったのです。皆で顔を見合わせて苦笑いすると、参謀たちはようやく冷静に対処すべく頭を切り替えたのでした。


何も見ていないようで、大山はしっかり戦況や部下の様子を見ていました。

リーダーはいざというときに頼りになればいい——大山のリーダーシップから学ぶ

ものは多いのではないでしょうか。

筆者は大山や、そのお手本となった西郷隆盛や大久保利通の示したリーダーシップを、〝薩摩将帥《しょうすい》学〟と区分して語ってきました。

戦術コラム 5

「橋頭堡を築く」

ハーバード・ビジネス・スクールで昔から扱われているビジネスの成功例に、アメリカのグリーティングカード業界のケースがあるそうです。

グリーティングカードとは、クリスマスカードやバースデーカードなどのこと。アメリカでは多くの人が、イベント時にカードを贈り合う文化があるので、グリーティングカード業界の市場は、日本とは比べ物になりません。

この巨大な市場を、ほとんど独占していたのがA社でした。

もともと、この会社がグリーティングカードの草分け的な存在であり、特色ある商品を次々に開発して、市場を開拓してきた経過がありました。

市場の拡大にともない、新たな競争相手が参入してきましたが、歴史あるA社の牙城を崩すには至らなかったようです。

ところが、この揺るがないA社をついに打ち崩したのがB社でした。

無論、参入してすぐに破竹の快進撃を見せたわけではありません。カードといえばA社というイメージが世間には浸透していましたし、多くの固定客がA社にはついているのですから、やすやすとシェアをB社が取れるわけがありません。

実際、A社はデパートの文具売り場、書店、文房具店、ギフトショップなどのグリーティングカードを取り扱う代表的な販路を、ことごとく押さえていました。

一方のB社はA社の牙城を崩せず、ドラッグストア、スーパーマーケット、食料品店などの一見、カードの取扱店としてはマイナーな販路を開拓していかざるを得ませんでした。しかしこれでは、B社の売上規模は、A社に遠く及びません。

柴田勝家も佐久間信盛も失敗した橋頭堡を、木下藤吉郎が成功させた

そこでB社が採った戦術は、「橋頭堡《きょうとうほ》」を築くことでした。

橋頭堡とは、主に川や海を隔てた敵地に作る、味方の戦闘行為を効果的にするための前線基地、敵地を侵攻するための〝足がかり〟のことです。

日本史で有名なのは、豊臣秀吉の出世のきっかけとなった、彼の木下藤吉郎《きのしたとうきちろう》時代の「墨俣城《すのまたじょう》」でしょう。

織田信長は美濃国の攻略に苦戦していました。前述したように、一対一の兵の強さでは尾張の兵は美濃の兵に勝てません。そのため、銭でかき集めた専属家臣団の足軽に、美濃を攻めさせたのですが、今一つうまくいきません。

やはり前線基地を築く必要がある、となったのです。

美濃の領内に橋頭堡さえ築ければ、その後の戦術を展開することは容易になります。

が、敵がみすみす領内に入って来る侵入者に城を築かせてくれるわけはありません。織田家を代表する柴田勝家が挑んでも、佐久間信盛《のぶもり》が出張っても墨俣での築城はかないませんでした。

強兵の美濃勢と戦いながら、敵地に城を築く——これほどの難行があるでしょうか。

手を挙げる者がなくなったときでした。この難行に挑もうとしたのが、若き日の豊臣秀吉こと木下藤吉郎でした。

秀吉は力攻めをしません。といいますか、彼には自らに従ってくれる将兵がいませんでした。

尾張から多くの兵を入れることができず、そこで秀吉が考えたのが、短期間で城砦を築くためのシステムです。材木を川上の山で用意し、組み立てやすくカスタマイズしてから現地まで川で流しました。

ゆえに、驚くほどの早さで墨俣に城を築けたのです。

ちなみに〝一夜城〟というように、ひと晩で出来上がったという話は伝説です。

ですが、墨俣城のおかげで、信長は美濃攻略を一気に狭めることができました。

ライバルの牙城を崩す最高の戦術！

再び、グリーティングカードの話に戻しましょう。B社が敵地であるA社のシェアに築いた橋頭堡とは、こちらの場合、なんであったのしょうか。

それは「ストロベリー・ショートケーキ」という小さな人形でした。

B社オリジナルデザインの、このストロベリー人形は人気を博し、さまざまなメーカーへ使用権を与えて、B社はさらに人形の認知度を高めていきます。

A社の商品ばかりを取り扱っていたデパート、書店、文房具店、ギフトショップなども、ストロベリー人形はグリーティングカードとは別商品なので、売れるとなれば仕入れますし、販売もします。

そうして人気が高まったことを確認したB社は、一気に攻勢に出ました。

予算を広告宣伝に集中し、テレビへの番組提供やCMを流します。

満を持してストロベリー人形を使った、グリーティングカードを次々に発売したのでした。

すぐにグリーティングカードはストロベリー人形の人気グッズのひとつとなり、A社が築いてきたシェアを切り崩すことに成功したのです。

B社が用いたのは、いまでいう「キャラクター商品」でマーケット拡大を図る戦術でした。

ストロベリー人形という橋頭堡が築かれてしまってからは、A社が反撃に出ても、時すでに遅し。

グリーティングカード市場でも、ストロベリー人形のデザイン入りカードが完全に人気を博していたのです。

強固なマーケットに戦いを挑む場合は、まず敵陣に戦略的拠点を見つけ、そこに橋頭堡を築きましょう。
橋頭堡から次なる戦術を駆使することで、相手の牙城は崩せます。

第六章
CHAPTER06

戦術を変えるときの注意点

状況の変化に応じて戦術を入れ替える必要がある

どれほど優れた戦術も、周りの状況や環境が変われば、使い物にならなくなる場合があります。

例えば、予期せぬ新型コロナウイルスの感染拡大により、飲食や旅行などに携わるビジネスは、戦術の大幅変更を求められたことでしょう。

コロナほど大きな変化は稀にせよ、ビジネスでは毎日のように状況が刻一刻と移り変わります。

そんな中で、状況に合わせて、どのように戦術を変えていくべきか？　最後の章では「戦術の入れ替え方」について紹介していきます。

戦術変更その二
新戦術を他業種から採り入れる

現在の戦術がうまくいかないため、戦術を変えようと考えているけれど、他になかなか良い手が思い当たらない――こういう、手詰まりの状況はよくあることです。

そんなときのために、賢い人は常日頃から情報をインプットしているといいます。

それも同業種など身内からだけでなく、異なる業界や職種など外側から学ぶことが多いようです。

視点を変えることで、これまで気づけなかった戦い方のヒントを得られることも、少なくないからです。

自動的に借金が増える苦しい仕組み

他ジャンルや異業種から戦術を学ぶ効果を知っていたのは、江戸時代最高の財政家であり、〝日本のケインズ〟と称された山田方谷《ほうこく》でした。

方谷は、幕末の備中松山藩板倉家（五万石）の家老を務めた人ですが、十万両という莫大な負債を、藩政改革六年目にして返済しました。それどころか、八年後には十万両を改めて蓄財した手腕の持ち主です。

それを可能にしたのは、山田方谷の学びでした。

方谷の生家は、製油業も営む農家でした。幼少の頃から学問好きの方谷に対して、藩主はよくできる、と奨学金を出し、藩の学問所で学ばせてくれました。

その後、江戸に出た方谷は、活気のある街を目の当たりにして、時代を動かしているのは、実は経済だ、と感じます。そして経済の勉強に打ち込みました。

武士は経済を賤《いや》しいもの、汚《けが》らわしいもの、との決めつけが強くありましたが、農家出身の方谷には、そうした色眼鏡がなかったのが幸いしたのかもしれません。

儒学者・佐藤一斎《いっさい》の下で『理財論』を学び、論文まで書いています。

二十歳で藩士に取り立てられると、藩の軍制改革などに方谷は携わります。そして四十五歳のときに、藩財政の建て直しを藩主から命じられたのです。

初めて帳簿を手にした方谷は、驚愕します。備中松山藩の石高は五万石ですが、計算してみると、年間でたったの二万石にも満たない収入しかなかったのです。

収入が五分の二しかなければ、収支は合わず、財政破綻は必至です。さらには毎年の借財は十万両に達していました。

江戸時代の経済は、米本位制(米の価格を基準として回る経済)でした。

この制度の欠点は、お米の価格が取れ高によって毎年変わってしまうのに、一方でいつしか発達した銭＝貨幣の価値が一定であることでした。不作の年が二、三年つづけば、あっという間に借金が膨れ上がってしまうのです。

多くの藩では質素倹約に励むことで対処しましたが、それにも限度があります。

前代未聞！　米相場を武士が張る！

そこで方谷は、誰もやっていない第三の方法で、この問題を解決したのでした。

方谷は、武士がこれまでやってきたやり方の中にはもう正解がない、と考え、お金を儲けている商人のやり方にヒントを見出します。

彼は商人の儲けの仕組みを、徹底的に研究しました。

そもそも、大名の年貢米は大坂の蔵屋敷に集められ、商人たちがその年の不作、豊作をにらんで、米の相場を決めていました。

つまり、諸大名は先に米を一括で買われてしまい、その後、商人たちが相場で米の価格をコントロールして儲けていたわけです。

そこで方谷は、「わが藩は大坂の蔵屋敷を廃止する」と宣言します。そして領内に保管した米を適宜《てきぎ》（その場の状況に応じて、各々がよいように行動する）、放出する方針に変えたのでした。

藩で獲れた米を一度に売らず、大坂の相場で売り買いして儲けを出せばいい、と考えたのです。つまり米相場を、武士が張ったわけです。

当時は封建制度において、商人はいやしい職業だと言われていました。商人のように金儲けを考えるなんて、武士にとっては汚らわしいこと、と考えるのがふつうでした。

ですから、どうすれば売買で儲けが出るか、などという発想自体が、武士には浮かぶはずもありませんでした。

言ってみれば方谷は、商人の戦術を実行しただけなのです。

しかし簡単に見えても、徳川幕府の時代に、このやり方を実行した藩はほかにありませんでした。方谷は藩の財政を、見事に建て直したのです。

戦術変更その二

追い詰められる前に変更する

今更戦術を変えても、もう遅い、間に合わない、ということもあるでしょう。もっと早く手を打っておけばよかった——多くのリーダーが経験した思いではないでしょうか。

戦術を変更する際は、先手必勝に勝るものはないのです。

最悪のタイミングでバトンを託された

三菱財閥の祖・岩崎弥太郎《やたろう》の後を継いだ、弟で二代目社長の岩崎弥之助《やのすけ》は、早めに戦術を変えることで、三菱を倒産の危機から救いました。

弥之助の功績をひと言でいえば、海運業で天下をとった〝三菱〟が、反三菱勢力と海運業で競い、劣勢に追い込まれたのを和解に持ち込み、改めて地所事業という陸のビジネスで〝三菱〟を上昇させた、ということになるでしょうか。

一八七二年(明治二十五年)に、弥之助は兄・弥太郎の支援でアメリカに留学しました。一年七カ月の短期間でしたが、弥之助は懸命に海外での最先端の文化やビジネスに触れました。

ところが、彼が帰国したとき、〝三菱〟は最大の危機を迎えていました。

弥太郎に対抗する勢力が、伊藤博文《ひろぶみ》(長州藩出身)がバッグにいる〝三井〟と組んで、三菱潰しを企てたのです。〝三菱〟の船よりも安価で人や物を運んだのでした。

弥太郎も負けじと値段を下げ、格安戦争を受けて立ちました。最終的には価格が従来の十分の一ぐらいまで下がり、利益など出ない状態で意地の張り合いは続きました。

しかもその最中に、弥太郎が亡くなったのです。

最悪のタイミングでバトンを託されたのが弥之助でした。

一刻も早く格安戦争をやめるべきだ、とはわかっていましたが、〝三菱〟の従業員たちが納得しません。彼らは皆、「先代・弥太郎の弔い合戦だ」と熱くなっています。

弥之助は社内に向けて、「亡き兄の遺志を継ぎ、海運業を拡張する」と宣言しました。

その一方で、土佐藩の有力者だった後藤象二郎《しょうじろう》に協力してもらい、敵対勢力との和解の道を探ってもらいます。

結局、政府の仲裁により、敵対勢力である共同運輸と〝三菱〟が合併して、日本郵船会社という新しい運輸会社ができることになりました。

合併という一見、対等な決着でしたが、新会社のトップが〝三井〟側であったことから、「これで三菱はおわった」と思った人も多かったようです。

ニューヨークのオフィス街を丸の内に創る!?

しかし、この時点で弥之助は発想を転換していました。海ではなく、陸で商売を始めることを決めていたのです。

弥之助は、新会社の株を売り、その資金で東京・大阪・神戸の市街地を次々に購入しました。典型的なのは、東京の丸の内です。いまでこそ一等地ですが、当時は兵隊の教練場となっていました。

広大な土地を一括で購入した弥之助は、「いったい何に使うのですか？」と聞かれると、「そうですなァ、竹を植えて虎でも放し飼いにしますか」と答えたそうです。

無論、これはジョークです。

彼にはロンドンやニューヨークなどの大都市で目にしてきた、「近代的なオフィス街」を、日本にも創るアイデアがありました。海外の大きな区割りや建物を見て、勉強してきたことを活かそうとしたのです。

弥之助は丸の内を開発して、「三菱村」と呼ばれるオフィス街を構築しました。さらに保険や鉄道系にも参画して、多角経営を展開させていったのです。

海から陸へ——創業者が創り上げた海運業に見切りをつけ、素早く陸の事業に切り替えた弥之助の戦術変更は、見事でした。

海外を見て回り、勉強してきたことを活かし、日本では考えつかない発想の転換を実現したのです。

戦術変更その三

明るい未来を伝える

リーダーが戦術を変えるとき、変える理由やタイミング、変えた後の見通しなどを部下に丁寧に説明しなければなりません。

それもせず、「会社の方針だから従ってくれ」とか、「オレだって辛いんだ」といった、一方的な感情論を押しつけても、部下には伝わりませんし、納得も得られません。

そのままでは、部下の士気は下がって当然です。

賢いリーダーは、部下が新しい戦術に対して前向きになるような言い方をします。豊臣秀吉の軍師・黒田官兵衛は前向きなひと言で、主人秀吉の窮地を救いました。ピンチをチャンスに一変させたのでした。

部下の気持ちを動かす言葉を持っているか

一五八二年(天正十年)六月二日、織田信長は本能寺で明智光秀に討たれます。

そのとき、秀吉は毛利軍と対峙している真っ最中でした。

秀吉は二万七千の軍勢＝織田家中国方面軍を率いていましたが、直属の兵はわずかに六千。信長の仇を討つために、この直属軍だけを従えて京都に戻ったとしても、光秀軍は一万六千(一万三千とも)です。秀吉直属兵の約三倍もいます。

直属六千以外は、混成部隊のため、信長が討たれれば秀吉に従う義理はありませんでした。光秀は、中国方面軍は空中分解するだろう、と見ていました。

では、秀吉はこのような苦境の中からどうやって、大逆転への道＝〝中国大返し〟に持ち込んだのでしょうか。

「こんなざまでは、合戦などできはせぬ」

秀吉は泣きながら、黒田官兵衛に弱音を吐いたといいます。

まず、毛利家との和睦は、信長の死が相手側に知られていなかったことが幸いして、うまくいきました。

問題は、二万七千余の混成部隊をそのまま秀吉軍に変え、京都まで二百キロ以上の道のりを、猛スピードで引き返さえるにはどうすればいいのか、という難問でした。


官兵衛は陣中に、一つの噂を流しました。「逆臣・明智光秀を討てば、次の天下をとるのは秀吉さまだ。秀吉さまが天下を取れば、将校は大名になり、足軽も将校となれる。まさに一攫千金、夢のような機会ではないか！」との噂を流しました。

つまり、「現状はけっして危機ではない。それどころか、我々全員にとっては大いなる好機なのだ」と触れ回ったのでした。

「秀吉さまが光秀に勝ったら、天下をとれる。そうなれば、みんな大出世だ。戦いに参加した将校は大名になれる。足軽は侍大将になれるかもしえない。またとない機会ではないか！」

信長の死を知って、意気消沈しかけていた織田家の中国方面軍が、一気に沸き立ちました。

「ご運の開けたまうとき、来たれり。片草鞋《ぞうり》、片木履《ぼくり》で駆け出しそうらえ」

全軍が死に物狂いで、二百キロの道のりを駆け抜けたのです。

リーダーが、部下の気持ちに火をつける言葉を持っているかどうかで、チームの未来が決まります。

戦術変更その四

コロコロ変えるのはよくない

本書の最後に、主の戦術変更に部下が振り回された例を紹介しましょう。

江戸幕府の最後の将軍・徳川慶喜の話です。

彼は頭が良すぎたのかもしれません。

普通の人は物事を一、二、三と段階を追って理解していくものですが、慶喜は一の時点でもう三や四の先まで理解してしまう能力、才覚を持っていました。

いくら正しくても、部下は納得できない

そのうえ慶喜は、決断も早いため、即座に動きを変えてしまいます。当然、周りの人間には、慶喜がなぜ戦術を変えたのかがわかりません。なにしろ慶喜は、説明責任を果たしたことがありませんでしたから。

そのため、変えたのは慶喜ではなく、側近があらぬことを吹き込んだからだ、と関係者は邪推させられ、かわいそうに慶喜の優秀な側近たちは、次々に暗殺されてしまいました。

薩長同盟軍（官軍）に鳥羽・伏見の戦いで敗れたときは、慶喜はそのまま友軍を上方に置きざりにして、大坂から軍艦開陽丸《かいようまる》に乗り、江戸に逃げ帰ってしまいました。

その日、戦いに敗れ、大坂城に逃げ帰ってきた将兵たちに対して、慶喜は「ただ今より直ちに、余《よ》も出馬しよう。各々の持ち場に戻って準備せよ」と勇ましく宣言したにもかかわらず、自分だけこっそりと江戸に逃げ帰ったのです。

その後、西郷隆盛率いる新政府軍が江戸に迫っていることを知った慶喜は、会津の松平容保と桑名の松平定敬の二人に対して、江戸城への登城禁止を言い渡します。ずっと徳川家のために協力してきた二人に対して、あまりにも冷酷な仕打ちでした。明治時代後期に、東大総長となった会津出身の山川健次郎は、「徳川慶喜公は、非常な才物ではあったが、説を変えることもまた激しかった」と証言しています。

もちろん、慶喜にも言い分はあったでしょう。

そうすることが江戸を官軍の攻撃から守り、スムーズに新しい時代に移行することができる、と考えたのかもしれません。

日本人同士で戦っていたら、欧米列強に日本を侵食されてしまうという危機感もあったでしょう。

しかし、どれだけ大義名分があろうと、裏切った相手(しかも慶喜の場合は味方)へのフォローもなく、気配りもなくては、いくら正しいことをしたとしても、誰からも理解されることはなかったと思われます。

令和の時代のリーダーの皆さんも、フォローや気配りをくれぐれも忘れないようにしていただければと存じます。

戦術コラム6

「卑怯も戦術の一種」

平安時代末期に書かれたとみられる『今昔《こんじゃく》物語集』の中に、次のような記述が残されています。

源平合戦の時代、初陣の若武者が歴戦の郎党に尋ねます。

「どうやったら、合戦で生き残れるか教えてくれ」

すると郎党は、「騎馬が向かってきたら、その馬を射なさい」と答えました。

「馬を射るのは、戦の作法にもとるのではないのか」

「かまいません。馬を射れば騎乗の武者は落ちますから、そこに打ちかかって刺し殺してしまいなさい」

「それは卑怯ではないのか」

「いいのです、生き残るためにおやりなさい」

源頼朝もまさかこの日は、をあえて選んで攻めた

源平合戦の時代は、「やあやあ我こそは」とお互いに名乗りを挙げて、馬を走らせながら弓を射合い、それから槍を合わせるのが作法だとされてきました。

しかし当時も、作法は作法として尊重しつつも、現実的には何をしても勝てばいいというものの考え方はあったのです。

義経の異母兄・源頼朝も、結構〝卑怯〟な手を使っています。

源氏の棟梁《とうりょう》として挙兵する際に、彼は予定日の吉兆を陰陽師に占わせました。

「その日は陰陽五行では〝悪日〟ですぞ」

陰陽師にこう言われたら、日を改めるのが一般的でした。

ところが頼朝は、「その日が悪日と知っている相手は、まさか弓矢を仕掛けてくると

は思うまい」と計画どおりに挙兵し、油断していた相手を討ち取ってしまいました。

卑怯の尺度は、時代によって変わることもあるのです。

その戦術が卑怯であるかどうかは、後世の人間が決めることかもしれません。

もちろん、卑怯なことばかりやっていれば、部下に見放され、やがて運も尽きるでしょう。

それでもやるというならば、リスクを覚悟してやる他ないのではないでしょうか。

カバーデザイン
金澤浩二

本文デザイン・DTP
鳥越浩太郎

カバー・本文イラスト
タカセマサヒロ

編集協力
佐野裕

［著者略歴］

加来耕三（かく・こうぞう）

歴史家・作家。1958年大阪市生まれ。奈良大学文学部史学科卒業後、同大学文学部研究員を経て、現在は大学・企業の講師をつとめながら、独自の史観にもとづく著作活動を行っている。内外情勢調査会講師。中小企業大学校講師。政経懇話会講師。主な著書に『日本史に学ぶ一流の気くばり』（小社）、『戦国武将と戦国姫の失敗学』（日経BP）、『徳川家康の勉強法』（プレジデント社）、『大御所の後継者問題』（MdN新書）など多数。立花宗茂をテーマにした『加来耕三が柳川で大河ドラマをつくってみた』（RKB毎日放送）は第57回ギャラクシー賞優秀賞（2019年度）を受賞。テレビ・ラジオの番組の監修・出演も多い。

リーダーは「戦略《せんりゃく》」よりも「戦術《せんじゅつ》」を鍛《きた》えなさい

2024年2月11日　初版発行
2024年3月19日　第2刷発行

著　者　加来耕三

発行者　小早川幸一郎

発　行　株式会社クロスメディア・パブリッシング
〒151-0051 東京都渋谷区千駄ヶ谷4-20-3 東栄神宮外苑ビル
https://www.cm-publishing.co.jp
◎本の内容に関するお問い合わせ先：TEL（03）5413-3140／FAX（03）5413-3141

発　売　株式会社インプレス
〒101-0051 東京都千代田区神田神保町一丁目105番地
◎乱丁本・落丁本などのお問い合わせ先：FAX（03）6837-5023
service@impress.co.jp
※古書店で購入されたものについてはお取り替えできません

印刷・製本　株式会社シナノ

ISBN978-4-295-40918-2　C2034